¿Qué te parece esta lectura?

¿Qué te parece esta lectura?

James F. Lee
Indiana University, Bloomington

Paul Michael Chandler
University of Hawai'i at Mānoa

Donna Deans Binkowski
University of Massachusetts at Amherst

Boston   Burr Ridge, IL   Dubuque, IA   Madison, WI   New York
San Francisco   St. Louis   Bangkok   Bogotá   Caracas   Kuala Lumpur
Lisbon   London   Madrid   Mexico City   Milan   Montreal   New Delhi
Santiago   Seoul   Singapore   Sydney   Taipei   Toronto

Higher Education

A Division of The McGraw-Hill Companies

This is an  book.

Published by McGraw-Hill, an imprint of The McGraw-Hill Companies, Inc., 1221 Avenue of the Americas, New York, NY 10020. Copyright ©2005. All rights reserved. No part of this publication may be reproduced or distributed in any form or by any means, or stored in a database or retrieval system, without the prior written consent of The McGraw-Hill Companies, Inc., including, but not limited to, in any network or other electronic storage or transmission, or broadcast for distance learning.

This book is printed on acid-free paper.

2 3 4 5 6 7 8 9 0 DOW/DOW 0 9 8 7 6

ISBN 978-0-07-296501-8
MHID 0-07-296501-0

Editor in chief: Emily Barrosse
Publisher: William R. Glass
Marketing manager: Nick Agnew
Director of development: Scott Tinetti
Developmental editor: Max Ehrsam
Project manager: Stacy Shearer
Design manager: Violeta Diaz
Photo research: Nora Agbayani
Production supervisor: Tandra Jorgensen and Louis Swaim

Composition: TechBooks/GTS, York, PA
Printing: 45# New Era Matte, R. R. Donnelley/Willard

Cover: Pablo Picasso (Spanish 1881–1973). *Two Girls Reading,* 1934, oil on canvas, 92.2 cm × 73 cm (36 5/16 in. × 28 3/4 in.). University of Michigan Museum of Art, Gift of The Carey Walker Foundation 1994/1.67. © 2005 Estate of Pablo Picasso/Artists Rights Society (ARS), New York.

Credits: The credits section for this book begins on page A12 and is considered an extension of the copyright page.

Library of Congress Cataloging-in-Publication Data

Qué te parece esta lectura?/James F. Lee, Paul Michael Chandler, Donna Deans Binkowski.
     p. cm.
     Contents: La novia ausente/por Marco Denevi—Cirios/por Marjorie Agosín—Kentucky/por Ernesto Cardenal—Telenovela/por Rosario Castellanos—Una carta de familia/por Álvaro Menéndez Leal—Balada de los dos abuelos/por Nicolás Guillén.
     ISBN 0-07-296501-0 (softcover)
     1. Spanish language—Readers—Spanish American literature. 2: Spanish American literature—20th century. I. Lee, James F. II. Chandler, Paul Michael. III. Binkowski, Donna Deans.

PC4117.Q48 2005
468.6'421—dc22   2004060220

Contents

Preface

¿Qué te parece esta lectura?

Beyond the second year of language study, students will enroll in a variety of courses, many of which treat the study of literature. *¿Qué te parece esta lectura?* helps second-year students to begin to read literary works. We offer students many aids to help them comprehend and appreciate what they read.

Vocabulario útil is a list of words found in the text, whose meaning will help students understand the reading better. We also offer a set of **Actividades** with the **Vocabulario útil** that have students work with the meaning of the words in the context in which they will find them in the reading.

Anticipación sections help students prepare to read literary selections by activating their knowledge of the topic.

Primera exploración activities help students identify the plot, main ideas, and characters of a literary work.

Segunda exploración activities help students move through a second reading of a literary passage advancing beyond plot and character identification. In this section we offer students two more types of activities. First, we provide a section called **Comprensión** so that students can check their own comprehension. Second, we provide **Ideas para considerar,** a section where students are given questions to ponder about the major themes found in the literary reading.

Aplicación activities help students explore their personal reactions to the reading.

We have designed the activities in the book so that they can be assigned either as out-of-class work done by individual students or adapted for in-class work. Of course, the activities lend themselves to paired and group interaction as well as whole class discussions. We recommend that instructors consider assigning **Vocabulario útil, Anticipación** and **Primera exploración** as out-of-class work. **Segunda exploración, Ideas para considerar** and **Aplicación** could then be done in class.

The Optional CD-ROM

The optional CD-ROM that is available for purchase with *¿Qué te parece esta lectura?* is designed to accomplish two goals. First, it contains activities that will provide even greater support for students as they work to comprehend a literary reading. Each literary reading can be found in its entirety on the CD-ROM. Students have the option of hearing the passage read aloud. They can either listen to the passage as they read along in the text, or simply listen to the passage. This option gives students a great opportunity to hear Spanish from different dialectal regions. Another important support activity the students will find only on the CD-ROM is the AYUDA feature available for each comprehension question. When the student elects the AYUDA feature, they are given information about where to find the correct answer in the passage and strategies for extracting the information from the passage.

The second goal of the CD-ROM is to enhance students' cultural knowledge. We offer a biography of the writer, a short introduction to the geographical region from which the author comes, and a short history of that region. The geography and history presentations are followed by quizzes.

¿Qué te parece esta lectura? and ¿Qué te parece? Intermediate Spanish, Third Edition

Literary selections in *¿Qué te parece esta lectura?* coincide thematically with the six units of *¿Qué te parece? Intermediate Spanish,* Third Edition. Even so, *¿Qué te parece esta lectura?* and the CD-ROM can be used in any second year program regardless of the main textbook.

Acknowledgments

We would like to thank the following instructors who participated in a series of surveys and reviews that were instrumental in the development of *¿Qué te parece esta lectura?* and *¿Qué te parece? Intermediate Spanish,* Third Edition. The appearance of their names does not necessarily constitute an endorsement of the text or its methodology.

Elena Adell
University of Georgia

Christina Isabelli
Illinois Wesleyan University

María S. Coloma
University of Notre Dame

Christine Swain
Wake Forest University

M. Celeste Delgado-Librero
Sweet Briar College

Sonia Elizabeth Valle
Tulane University

Priscilla Hunter
Southern Oregon University

Many people worked diligently on the First Edition of *¿Qué te parece?* or in some way influenced our thinking on it and subsequent editions, for which we remain appreciative. In particular, we would like to acknowledge Mark Porter, Karin Millard, Renato Rodríguez, Ronald P. Leow, Daniel Bender, Linda Paulus, and Mary Jane Tracey. With regard to the First Edition, we wish to acknowledge the special contributions of Trisha Dvorak, a believer in the power of task-based and content-based instruction. Trisha guided the development of a previous version of the second-year follow-up to *¿Sabías que... ?*, working with her authorial team on concepts, principles, and ideas. We also owe a great deal to Bill VanPatten and his work on the first, second, third, and fourth editions of *¿Sabías que... ?*

We love the design. Our sincere thanks to Violeta Díaz, Linda Robertson, and Lisa Buckley. We also wish to thank Laura Chastain for her linguistic contributions, and Stacy Shearer for working diligently to keep the first edition of *¿Qué te parece esta lectura?* moving along toward publication. We are also grateful to now-retired Thalia Dorwick for her continued support of *¿Qué te parece?* and to our publisher, William R. Glass, for making the revision planning meeting so enjoyable.

From Jim to Max Ehrsam, our development editor: I truly appreciate the care you took with the manuscript to be sure that our vision made it into print.

In the CD-ROM you can complete additional activities related to "La novia ausente"

«La novia ausente»

Acerca del autor y la lectura

«La novia ausente», por Marco Denevi (1922–1998)
Marco Denevi—narrador, dramaturgo, ensayista y cuentista es un escritor argentino muy conocido. Algunas de sus obras se han convertido en teleproducciones, como *La ceremonia secreta* y *Rosaura a las diez*. Frecuentemente, Denevi incluye un elemento sorprendente al final de sus cuentos, los cuales son a veces de un solo párrafo. «La novia ausente» pertenece a la colección de cuentos *El amor es un pájaro rebelde* (1993) y trata, entre otros temas, el de la comunicación.

You will come across a great many words in the story "La novia ausente" that you already know. You will also come across unfamiliar words. The following vocabulary list and exercises are meant to help you through the reading. Don't worry about incorporating this vocabulary into your daily speech.

Vocabulario útil

Verbos

adelantarse	to get ahead
arrepentirse	to regret
bifurcarse	to branch off
bordar	to embroider
coser	to sew
hurgar	to rummage through; to search
postergarse	to postpone
rechinar	to creak (upon moving)
reventar	to burst

Sustantivos

el ajuar de novia	a bride's trousseau, including household furnishings
el apuro	rush; hurry
la calvicie	baldness
el camisón	nightshirt
el espliego	lavender
la funda	pillowcase
la monja	nun
la prenda	article of clothing
el ramo	bouquet of flowers
el resquicio	opportunity
la sábana	(bed)sheet
la verborragia	verbiage; verbosity

Adjetivos		Expresiones	
aquejado/a (de)	suffering (from); afflicted (with)	darle alcance	to catch up with someone/something
atiborrado/a	full (of stuff)	día por medio	every other day
enrarecido/a	thin	humo de palabras	cloud of words (*fig.*)
lacónico/a	brief; concise	sentirse cargos de conciencia	to feel guilty
veloz	fast, rapid		

Actividades de vocabulario
Actividad A ✤ Asociaciones

Contesta las siguientes preguntas.

1. ¿Cuál de las siguientes palabras o frases expresan una idea positiva?
   a. sentirse cargos de conciencia
   b. arrepentirse
   c. aquejado/a
   d. adelantarse

2. ¿Cuál de las siguientes palabras o frases NO se asocia con la prenda?
   a. el ajuar de novia
   b. la sábana
   c. coser
   d. bordar

3. ¿Cuál de las siguientes palabras o frases NO se asocia con la idea de exceso?
   a. la verborragia
   b. atiborrado/a
   c. lacónico/a
   d. humo de palabras

4. ¿Cuál de las siguientes palabras o frases se asocia con los sonidos o el ruido?
   a. bifurcarse
   b. rechinar
   c. adelantarse
   d. el resquicio

5. ¿Cuál de las siguientes palabras o frases NO se asocia con el tiempo?
   a. veloz
   b. postergarse
   c. día por medio
   d. hurgar

Actividad B ✤ Asociaciones

Empareja las palabras de la columna A con sus definiciones o sinónimos de la columna B.

A	B
1. _____ la funda	**a.** mujer religiosa
2. _____ la calvicie	**b.** la ropa
3. _____ el espliego	**c.** la manta, cubrecama
4. _____ la monja	**d.** la oportunidad
5. _____ el resquicio	**e.** una planta muy aromática
6. _____ la prenda	**f.** buscar
7. _____ atiborrado/a	**g.** muy lleno de cosas
8. _____ hurgar	**h.** sin pelo en la cabeza

Anticipación

Actividad A ✤ La ausencia

El título del cuento que vas a leer es «La novia ausente». La ausencia puede referirse al hecho de no estar físicamente presente en un lugar. También se puede referir a un estado mental, el sentimiento de desasociación, aislamiento y soledad. Prepara una lista de momentos en la vida en los que uno puede sentirse «ausente» o sentir la ausencia de otra persona. También prepara una lista de las razones que causan este sentimiento. Aquí hay dos ejemplos:

OCASIONES	RAZONES
la boda de mi hermano	Yo estaba triste porque lo iba a echar de menos en la casa.
la primera clase de la mañana	Me siento ausente porque a las ocho de la mañana todavía estoy medio dormido.

> ### Consejo práctico
>
> It is easier to comprehend what you read if you are already familiar with the topic and the ideas expressed in a work. The activities in **Anticipación** will help you start thinking about some of the ideas you will come across in the reading.

Actividad B ✤ Las madres, las hijas y las bodas

Haz una lista de cinco razones que expliquen los conflictos que puede haber entre una madre y su hija cuando la hija se casa.

Así se dice

The grammatical gender of the word **pareja** is feminine, no matter if the person referred to is biologically male or female. Other words like this in Spanish are **persona** and **víctima**. Any adjective you use to describe **pareja, persona,** or **víctima** should have feminine endings.

Juan Carlos es la pareja perfecta para mí.
Octavio es una persona digna de admiración.
Guillermo no quiere ser **víctima** del sistema.

Actividad C ✢ ¿Cómo se caracteriza la pareja perfecta?

Haz una lista de tu pareja ideal o perfecta de acuerdo con los dos puntos de vista siguientes.

LAS CARACTERÍSTICAS DE LA PAREJA PERFECTA	
Según tus padres	**Según tus gustos**
1. _____	1. _____
2. _____	2. _____
3. _____	3. _____
4. _____	4. _____
5. _____	5. _____

Primera exploración

Hablando de la literatura

Unlike a newspaper article in which the writer reports on events, a literary work often has a narrator who relates the events of the story. The narrator may be a character in the story whose knowledge of the other characters and events is limited. Sometimes, however, the narrator is all-knowing and objective; this type of narrator can even inform readers of the private thoughts of the characters. In either case, you must decide just how reliable the narrator is.

Consejo práctico

Before you read this story on your own, do the activities in **Primera exploración.** They will help you understand the story better. These activities concentrate on helping you get the highlights of the story, not the details.

Actividad A ✢ Perpetua Gamondal

Paso 1 Lee los dos primeros párrafos de «La novia ausente» y apunta cómo se comunica Perpetua con la gente.

Paso 2 Prepara una lista de cuatro adjetivos que describan a Perpetua.

Paso 3 Lee el tercer párrafo y contesta las siguientes preguntas.

1. ¿Cuántos años tiene Perpetua?
2. ¿Está Perpetua contenta con su vida?

Actividad B ✤ Bienvenido Mariscotti

Paso 1 En los párrafos 4 y 5 se introduce el personaje de Bienvenido Mariscotti. Busca detalles sobre el aspecto físico y la personalidad de Bienvenido Mariscotti.

Paso 2 En tu opinión, ¿es Bienvenido Mariscotti la pareja perfecta para Perpetua? Identifica en el cuento las líneas que apoyen tu opinión.

Actividad C ✤ La señora Matutina

Paso 1 Repasa los cinco párrafos que ya has leído. Esta vez, enfócate en el personaje de la señora Matutina. Busca la siguiente información y prepara una lista de los datos que encuentres.

- su manera de hablar
- su personalidad
- las relaciones entre madre e hija
- las relaciones entre Matutina y Bienvenido

Paso 2 Ahora lee el resto del cuento. Añade más datos a la lista de información que preparaste en el Paso 1.

Hablando de la literatura

In certain literary works the names of the characters are meant to be evocative or symbolic. Movie executives were well aware of the power of a name when they changed stars' names: Marion Michael Morrison became John Wayne and Norma Jean Baker became Marilyn Monroe. Consider the names used in this story: Perpetua, Bienvenido, and la señora Matutina. What ideas or feelings do they invoke?

LECTURA

La novia ausente

por Marco Denevi

In the CD-ROM you will find an oral reading of this work. You may want to read and listen at the same time to help your comprehension.

A la señorita Perpetua Gamondal se le conocía un defecto, uno solo pero grave: la cachaza para hablar.[1] No es que sufriese[2] de rémoras[3] de elocución. Necesitaba meditar una frase, palabra por palabra, y no incurrir así en disidencias entre lo que se piensa y lo que se dice y arrepentirse después, cuando ya es tarde.   5

Ella no hablaba mientras no se sintiese conforme con lo que iba a decir. Pero cuando por fin lo decía, los demás se habían ido y ella debía permanecer callada, mirando dolorosamente el vacío, mientras pensaba que la gente vive demasiado de prisa y no sabe conversar.   10

[1]la... hablaba muy despacio   [2]sufriera; **sufriese** es otra forma del imperfecto de subjuntivo que termina en **-se.**   [3]obstáculos

A los veinte años quiso ser monja: dialogaría con
Dios, que es el único que no tiene apuro. Veinte años
después todavía no había conseguido transmitirle esa aspi-
15   ración a su madre, la señora Matutina, matrona de lengua
veloz y movimientos tan rápidos que era imposible darle
alcance.

Así las cosas, un tal
Bienvenido Mariscotti,
20   vecino del barrio, aque-
jado de calvicie, de traje
negro y de monólogo,
pidió la mano de Perpe-
tua. Ella no dijo ni que sí
25   ni que no, porque cuando
se quiso acordar la
señora Matutina y
Bienvenido se habían
puesto de acuerdo y ya
30   estaban fijando la fecha
de la boda y a quiénes
invitarían.

Pero la boda, por una
razón o por la otra, fue
35   postergándose, y entre
tanto Bienvenido visitaba
la casa día por medio,
comía y bebía como un

Heliogábalo,[4] y entre él y la futura suegra, hablando los dos al mismo tiempo, llenaban todas las habitaciones con una especie de humo de palabras que a Perpetua le provocaba la asfixia. 40

Durante todo ese tiempo del noviazgo, y fueron años, Perpetua no halló un resquicio por el que participarles a los dos,[5] con frases por las que después no sintiese cargos de conciencia, sus intenciones de no contraer matrimonio. 45

Pero como la señora Matutina le había mandado hacerse el ajuar de novia, ella se pasaba el día cosiendo y bordando en silencio, porque apenas abría la boca su madre se le adelantaba con algún ataque de verborragia y cuando paraba[6] de hablar ya Perpetua se había ido a la cama y dormía. 50

Al cabo del noviazgo el ropero de Perpetua reventaba de prendas íntimas, de camisones, de vestidos, de blusas, de sábanas, de fundas para las almohadas, de abrigos y de toallas. Era un enorme ropero de tres cuerpos, con espejo de luna y tres puertas que rechinaban. 55

Una tarde la señora Matutina entró en el dormitorio y dijo por primera vez lacónica:

—Vístete, que es la hora de ir al Registro Civil.

Entonces Perpetua se introdujo en el ropero y no salió nunca más. La señora Matutina y Bienvenido hurgaron entre los montones de ropa colgada, descubrieron que aquel mueble se bifurcaba en galerías y que esas galerías, tapizadas[7] de sábanas y de fundas, conducían a otros roperos más pequeños, igualmente atiborrados de camisones, de vestidos y de ropa interior. El aire, muy enrarecido, estaba impregnado del perfume de los ramos de espliego seco que había por todas partes. 60 65

Les costó encontrar la salida. Bienvenido Mariscotti juraba que había escuchado, muy lejos, la risa de Perpetua. Pero la señora Matutina no le creyó. 70

[4]Heliogábalo (204–222) fue un emperador romano famoso por su locura, glotonería y crueldad   [5]participarles… explicarles a ellos   [6]terminaba
[7]cubiertas

Segunda exploración

Actividad A ❖ ¿Qué significa «ausente»?

Paso 1 El cuento se titula «La novia ausente». ¿De qué forma es Perpetua ausente? Lee de nuevo los dos primeros párrafos. Luego, con tus propias palabras, describe la siguiente información.

- el defecto de Perpetua
- la reacción de la gente cuando Perpetua hablaba

Paso 2 Lee el tercer párrafo. Luego, con tus propias palabras, describe:

- la relación que existe entre Perpetua y Dios
- el contraste entre Perpetua y su madre

Paso 3 Lee el cuarto párrafo en que Perpetua se convierte en la prometida (novia) de Bienvenido Mariscotti. Utiliza la siguiente escala para indicar la reacción de Perpetua.

SE ALEGRA		NO REACCIONA		SE DEPRIME
5	4	3	2	1

Paso 4 Lee los párrafos 5, 6 y 7, en que se describe el noviazgo de Perpetua. Luego, con tus propias palabras, describe la interacción entre las siguientes personas:

- la señora Matutina y Bienvenido Mariscotti
- la señora Matutina y Perpetua
- Perpetua y Bienvenido Mariscotti

Actividad B ❖ La señora Matutina

Paso 1 En los párrafos 3, 4, 5 y 7 se revelan varios aspectos de la personalidad de la señora Matutina. Lee de nuevo estos párrafos concentrándote solamente en la señora Matutina. Escribe cinco adjetivos que la describan a ella.

Paso 2 Lee de nuevo el párrafo 9. Presta atención a lo que dice la señora Matutina y especialmente en cómo lo dice. ¿Qué revela del carácter de la señora esta interacción?

Paso 3 Lee de nuevo el párrafo 11. Bienvenido Mariscotti jura que oye la risa de Perpetua. La señora Matutina no cree lo que él dice. En tu opinión, ¿quién tiene razón? Da ejemplos específicos del cuento para apoyar tu opinión.

Actividad C ✤ Bienvenido Mariscotti

Paso 1   Lee de nuevo los párrafos 4 y 5 concentrándote en el personaje Bienvenido Mariscotti. Saca la siguiente información.

- cómo es físicamente
- como persona

Paso 2   El nombre Bienvenido es un juego de palabras. ¿En qué sentido está esta persona bienvenida? ¿En qué sentido no está bienvenida?

Comprensión

Escoge la frase correcta para completar la oración o contestar la pregunta.

1. Perpetua Gamondal tenía un solo defecto: la cachaza para hablar. Esto significa que…
   a. hablaba por hablar, es decir, sin considerar las consecuencias de lo que decía.
   b. pensaba con calma antes de hablar para unir el pensamiento con el habla.
   c. era muda (no tenía la capacidad de hablar).
   d. a Perpetua le gustaba chismear.

2. Según Perpetua, la gente vivía demasiado de prisa. Lo creía porque…
   a. los avances tecnológicos han impuesto un estilo de vida muy activo.
   b. a la gente no le gustaba la compañía de Perpetua.
   c. la otra gente se había ido antes que ella estuviera conforme con lo que quería decir.
   d. como Perpetua creció en el campo, es natural que pensara que los habitantes de la ciudad vivían de prisa.

3. A los veinte años Perpetua quiso ser monja. ¿Por qué no realizó su deseo?
   a. Se enamoró de Mariscotti.
   b. Al dialogar con Dios, Él le dijo que eso no era para ella.
   c. Nunca logró comunicarle a su madre que quería ser monja.
   d. Perpetua no es católica.

4. En cuanto a la velocidad de su habla, la Sra. Gamondal y Perpetua…
   a. se diferenciaban completamente.
   b. se asemejaban.

5. ¿Qué hizo Perpetua cuando Mariscotti le pidió la mano?
   a. Le confesó que quería ser monja y por eso no lo aceptó.
   b. Lo aceptó, pero sin fijar la fecha del matrimonio.
   c. Le pidió a Mariscotti tiempo para pensar su respuesta.
   d. Se quedó callada porque ya su madre estaba de acuerdo con él.

6. El noviazgo entre Perpetua y Bienvenido Mariscotti duró...
a. solamente unos días.
b. unas semanas.
c. unos meses.
d. años.

7. Durante el noviazgo, Mariscotti visitaba la casa de las Gamondal...
a. un día a la semana.
b. una vez al mes.
c. varios días a la semana.
d. todos los días.

8. ¿Cómo se describe a Mariscotti?
a. Tiene buenos modales.
b. Es bastante repugnante.
c. Es bien parecido.
d. Es una persona muy interesante.

9. ¿De qué resultaba el humo de palabras que asfixiaba a Perpetua?
a. Los vecinos y la gente del pueblo hablaban mucho del noviazgo entre Perpetua y Mariscotti.
b. Resultaba de los diálogos entre Perpetua y Dios.
c. Resultaba del habla constante y simultánea entre la Sra. Gamondal y Mariscotti.
d. Mariscotti y la Sra. Gamondal fumaban en exceso.

10. Durante el noviazgo...
a. Perpetua se resignó a la idea de casarse con Mariscotti y, por fin, se enamoró de él.
b. Perpetua decidió no casarse con Mariscotti pero nunca declaró sus intenciones.
c. Perpetua y su madre planearon juntas la boda y consultaban frecuentemente a Mariscotti.
d. Perpetua le preparaba las cenas a Mariscotti.

11. ¿Qué hacía Perpetua durante el noviazgo?
a. Su madre insistió en que tomara lecciones de elocución.
b. Pasaba los días y las noches cosiendo y bordando, como le mandó su madre.
c. Su vida siguió igual que antes: iba con sus amigas al cine y al teatro.

12. ¿Cómo reaccionó Perpetua cuando su madre le anunció que el día del matrimonio había llegado?
a. Por fin declaró su intención de no contraer matrimonio.
b. Siguió bordando y cosiendo en silencio, sin responderle a su madre.
c. Ingresó en un convento para seguir dialogando con Dios.
d. Se introdujo en el ropero y no salió nunca más; desapareció entre la ropa que llenaba el ropero.

13. Todas las siguientes oraciones, menos una, se refieren al ropero. ¿Cuál es?
    a. Era un ropero enorme de tres cuerpos, tres puertas y un espejo.
    b. El ropero se dividía en galerías y galerías que conducían a otros roperos más pequeños.
    c. Por todas partes había ramos de rosas rojas, el símbolo del amor.
    d. Perpetua había llenado el ropero de sábanas, ropa interior, vestidos, blusas, abrigos y toallas.

14. Todas las siguientes oraciones, menos una, se refieren a la Sra. Matutina. ¿Cuál es?
    a. Está aquejada de calvicie.
    b. Sus movimientos son tan rápidos como su lengua.
    c. Sufre de ataques de verborragia.
    d. Se lleva bien con Mariscotti.

Ideas para considerar

Lee las siguientes preguntas sobre el cuento. Debes buscar información en el cuento para contestarlas. Prepara respuestas en forma escrita. Escribe por lo menos dos párrafos para cada pregunta.

1. El título del cuento es «La novia ausente». La ausencia se refiere no solamente a un estado físico sino también a un estado mental y emotivo. Explica cómo las tres palabras clave para describir a la novia ausente de este cuento son *desasociación, aislamiento* y *soledad.*

2. Busca en el cuento la descripción de cada uno de los tres personajes, tanto la de su apariencia física como la de su personalidad. Luego, considera las siguientes ideas.

   • las relaciones entre madre e hija
   • las relaciones entre Matutina y Bienvenido

3. Piensa en el tipo de persona que es Perpetua. Luego, determina si crees que, al final, en el ropero, Bienvenido Mariscotti verdaderamente había escuchado la risa de Perpetua. Apoya tu respuesta con información tomada del cuento.

4. Explica el significado de los dos dibujos que acompañan al cuento. ¿A qué parte del cuento se refiere cada uno?

Aplicación

Actividad A ✛ Semejanzas y diferencias

Cada uno de los tres personajes de «La novia ausente» tiene su propia manera de hablar. Contesta las siguientes preguntas.

1. ¿Se parece en algo tu manera de hablar a la de alguno(s) de los personajes?
2. ¿En qué se diferencia la manera de hablar de cada uno de los personajes de tu manera de hablar?

Actividad B ✛ Opciones

En el cuento, Perpetua se siente dominada y sin salida, así que decide desaparecer entre las prendas en el ropero. Prepara una lista de opciones que uno tiene para escapar de una situación de dominación por parte de:

- los padres
- los amigos
- los novios

Paso optativo   Comparte tus ideas con el resto de la clase. Determinen entre todos si hay diferencias de comportamiento entre los hombres y las mujeres cuando se encuentran con gente que habla mucho y es dominante.

Actividad C ✛ Tú eres el autor (la autora) del cuento

Vas a volver a escribir algunos aspectos de «La novia ausente». Primero, determina sobre qué aspecto quieres trabajar; luego escribe uno o dos párrafos originales.

- cambiar el final del cuento
- continuar el cuento, describiendo lo que ocurrió seis meses después
- añadir otro personaje al cuento
- ¿otro aspecto?

In the CD-ROM
you can complete
additional activities
related to "Cirios"

«Cirios»

Acerca de la autora y la lectura

«*Cirios*», por Marjorie Agosín

Marjorie Agosín, escritora chilena, estudió en su país natal y en
los Estados Unidos. Conocida por su poesía, sus cuentos y su
colaboración en la película *Threads of Hope,* que recibió el
premio Peabody en 1993, Agosín es profesora de literatura
latinoamericana en Wellesley College, Massachusetts. Sus obras
se han publicado en español, inglés y en versiones bilingües.
Defensora de los derechos humanos, Agosín escribe con gran
impacto y convicción acerca de la tragedia de los desaparecidos, o sea, las personas secuestradas y asesinadas por las
dictaduras latinoamericanas durante las décadas de los setenta
y ochenta. Agosín describe el sufrimiento de los desaparecidos
y sus familiares. Algunas de sus obras reflejan las diferentes
épocas de su vida. «Cirios», que pertenece a la colección de
cuentos *La felicidad* (1991), rememora la niñez de la autora.

Consejo práctico

You will come across a
great many words in the
story "Cirios" that you
already know. You will also
come across words that
you are unfamiliar with.
The following vocabulary
list and exercises are
meant to help you
through the reading.
Don't worry about
incorporating this
vocabulary into your
daily speech.

Vocabulario útil

Verbos

crepitar	to crackle
persignarse	to make the sign of the cross

Sustantivos

el cirio	candle
el desvelo	insomnia
el lapislázuli	lapis (*blue stone*)
la marejada	movement of ocean waves
la penumbra	shadow

el rebozo	shawl
la tibieza	warmth

Adjetivos

balsámico/a	balsamic
desatinado/a	foolish, irrational
descalzo/a	barefoot
desgarbado/a	awkward
desgarrado/a	broken, destroyed
encuclillado/a	squatting
propicio/a	fitting, appropriate

Actividades de vocabulario

Actividad A ✤ Palabras clave

Después de estudiar el vocabulario de esta unidad, escribe dos palabras o frases clave que te ayuden a recordar el significado de cada una de las siguientes palabras.

Modelo   balsámico → aromático, incienso

1. cirio
2. penumbra
3. rebozo
4. crepitar
5. persignarse
6. lapislázuli
7. desatinado
8. desgarbado

Actividad B ✤ Definiciones

Escribe la palabra del vocabulario que corresponda a las siguientes definiciones.

1. Es lo que hacen los católicos al entrar a una iglesia.   _____

2. Se dice de una persona que tiene un aspecto muy extraño o informal.   _____

3. Es un cilindro de cera (*wax*) que sirve para iluminar con fuego.   _____

4. Se dice de una persona que no tiene puestos los zapatos.   _____

5. Se dice de la temperatura intermedia entre el frío y el calor.   _____

Anticipación

Actividad A ✤ Asociaciones

Marjorie Agosín escogió para el cuento que vas a leer el título de «Cirios», que son velas largas y gruesas. En el cuento, narra sus experiencias de niña en la iglesia.

Haz una lista de todo lo que asocias con las iglesias. Escribe en la columna A las memorias que tienes de tu niñez y, en la columna B, las asociaciones que haces hoy en día.

A	B
Iglesias de mi niñez	*Iglesias de hoy en día*
vitrales de muchos colores	*ambiente frío*

¿Qué puntos tienen en común las asociaciones de ambas columnas? ¿Hay algo en particular que sea común a todas las iglesias?

Actividad B ✜ Elementos religiosos del cuento

¿Qué sabes de la Iglesia católica? La comprensión de este cuento depende de saber un poco acerca de la religión católica y sus ritos. Empareja los términos de la columna A con las definiciones de la columna B.

A

1. _____ el cirio
2. _____ el crucifijo
3. _____ el incienso
4. _____ el padrenuestro
5. _____ el catolicismo
6. _____ el rebozo
7. _____ el agua bendita
8. _____ la hostia
9. _____ la música sagrada
10. _____ la misa
11. _____ persignarse

B

a. ceremonia principal de la liturgia católica

b. oración más conocida entre los cristianos

c. vela que encienden los devotos al rezar

d. sustancia que se quema como perfume durante las ceremonias religiosas

e. agua que ha recibido la bendición de un sacerdote y que se usa durante las ceremonias religiosas

f. hacer la señal de la cruz

g. la religión predominante en los países latinos

h. música basada en la liturgia o en temas religiosos

i. imagen de Jesucristo en la cruz

j. tela con la que las mujeres solían cubrir la cabeza cuando estaban en la iglesia

k. trozo redondo de pan que representa el cuerpo de Jesucristo

Actividad C ✦ Conceptos

Explica brevemente los siguientes conceptos. Si no te son familiares, puedes preguntarle a una persona católica.

- la confesión de los pecados
- la comunión
- el uso del incienso
- las diferencias entre la iglesia de 1950 y la de hoy

Primera exploración

Actividad A ✦ Primeras impresiones

Paso 1   Lee el primer párrafo y anota las palabras que tengan una connotación religiosa.

1.   5. *persignarse*
2.   6.
3.   7.
4.

Paso 2   Ahora empareja cada una de las siguientes citas del primer párrafo con el sentido correspondiente. **¡Ojo!** En algunos casos puede haber más de una correspondencia.

a. la vista   **b.** el olfato   **c.** el oído

_____ la tibieza de la media luz   _____ los recónditos espacios

_____ las penumbras delgadas   _____ el perpetuo estado balsámico

_____ crepitar   _____ las tinieblas

_____ los devotos

_____ el incienso

Paso 3   ¿Qué impresión te causó la lectura del primer párrafo? Escoge la(s) palabra(s) de la siguiente lista que mejor describa(n) cómo te sientes.

alegre	intrigado/a	nostálgico/a
fascinado/a	lleno/a de respeto	triste
ferveroso/a	melancólico/a	

Paso optativo   Vuelve a leer las asociaciones que hiciste en la Actividad A de Anticipación (pág. 14–15). ¿Puedes describir una iglesia o un templo de tu niñez de una manera tan llena de impresiones de los cinco sentidos como lo ha hecho Agosín? Haz una breve descripción.

Actividad B ✦ Desde niña...

Paso 1 Lee los dos primeros párrafos buscando el contexto en que aparecen las siguientes frases. Luego, comenta qué tipo de niña era la narradora.

- la figura de aquel señor descalzo, sudoroso y muerto de frío
- me echaba agua bendita hasta por los codos

Paso 2 Ahora busca el contexto en que aparece esta frase: «soy judía, desde niña lo supe». ¿Cómo sabía la niña que era judía?

Paso 3 Haz una lista de lo que la niña le pedía a Dios.

1. *protección para sí misma*
2.
3.
4.

Paso 4 ¿Cómo se le ocurre a una niña pequeña pedir estas cosas? Haz una lista de adjetivos que describan la personalidad de esa niña.

Actividad C ✦ Las causas y sus consecuencias

Paso 1 Ahora lee el tercer párrafo buscando dos sucesos clave en el cuento: el deseo de llevar una cruz de lapislázuli y el día en que el sacerdote le da la hostia. Con tus propias palabras, describe las causas y las consecuencias de esos sucesos.

CAUSAS	SUCESOS	CONSECUENCIAS
¿Por qué ocurrió?	¿Qué ocurrió? la cruz la hostia	¿Qué efectos tuvo?

Paso 2 Lee el último párrafo. Luego, indica...

1. si la autora todavía visita las iglesias.
2. si la última palabra del cuento, «él», se refiere al haber tomado la hostia o a Jesucristo.

Paso optativo Haz una lista de las frases que le dan al cuento un tono humorístico.

---

1. descripción de Jesucristo como «aquel señor descalzo, sudoroso y muerto de frío»

2.

3.

4.

5.

In the CD-ROM you will find an oral reading of this work. You may want to read and listen at the same time to help your comprehension.

LECTURA

Cirios

por Marjorie Agosín

Siempre amé con felicidad las iglesias, esos cirios prediciendo la tibieza de la media luz, las penumbras delgadas, ese silencio que crepita cuando los devotos se persignan ante la figura de aquel señor descalzo, sudoroso y muerto de frío.
5   Amé con una extraña locura aquel olor a incienso que se desplazaba[1] en los más recónditos espacios, me parecía que entraba a un perpetuo estado balsámico donde el aire estaba suspendido en las tinieblas.

[1]se... se extendía

Sin embargo, soy judía, desde niña lo supe, cuando mis abuelas Raquel y Sofía se sentaban encuclilladas frente al antiguo zamovar[2] y cantaban melodías que se asemejaban a las penas y a las ausencias. Me supe viajera, llegada de extrañas marejadas, afortunada de haber sobrevivido, de haber podido sentir el aliento de otras lejanías, pero yo gozaba con el solo hecho de pensar en las iglesias y durante los amaneceres de los domingos, acompañaba a mi nana Marisa todas las santas semanas al Sagrado Corazón donde ella ocultaba mis ancestros cubriéndome con un tupido rebozo y me echaba agua bendita hasta por los codos. Entonces las dos rezábamos, yo también decía padre nuestro que estás en los cielos protégeme, pero le pedía que cuidara a mi abuela Sofía de comer tanto ajo, que protegiera a mi hermana de las náuseas y los dolores de cabeza ocasionados por la mediocridad de su marido, también le pedía que nos protegiera de tantos terremotos.

Mis padres no se preocupaban de mis visitas regulares a la misa de los domingos, pero cuando les pedí que me dejaran usar una cruz de lapislázuli comenzaron a preocuparse. Para mí, la estrella de David, con todas sus puntas no me parecía tan dramática ni melancólica como la cruz azulada. Entonces los noté confusos, preocupados, me pidieron que me quedara en casa los domingos, que acompañara a Marisa hasta la entrada, que no era propicio que gente como nosotros fuéramos tanto a la iglesia, que igual nos dirían judíos de mierda, desatinados invasores de tradiciones cristianas, pero siguiendo la tradición desafiante de mi tía Eduvijes Weismann que se casó con un cristiano y no circunciso, seguí acompañando a Marisa hasta que un día el padre me dio la hostia y me dijo que estaba

[2]especie de tetera rusa

comiendo el cuerpo de Cristo. Comer el cuerpo de ese pobre señor crucificado, desgarrado, no me hizo mucha gracia, pero lo que más me preocupó y me dejó atónita era comerse su cuerpo en una galletita y él se veía flaquísimo con gusto a las cosas desgarbadas. Sin embargo, me gustaron los ojos azules del curita inglés y acepté. Me sentí por días horrorizada de haber devorado el cuerpo de Cristo Redentor. Desde entonces juré ir con Marisa pero dejarla en el umbral de la iglesia y mientras ella rezaba entre los cirios y los altares iluminados yo preferí el patio, la luz, los limoneros.[3]

Ahora que he crecido, amo las iglesias y esa música parecida a la paz de los difuntos. Como estoy a dieta, no como galletas de ninguna especie, pero en noches de desvelo pienso que yo probé el cuerpo de Cristo y lloro por él.

[3]árboles de limón

Segunda exploración

Actividad A ✤ La influencia de los demás

Paso 1 Indica qué tipo de relación existía entre cada una de las siguientes personas y la niña, y cómo eran esas relaciones. Luego, explica cómo estas personas influyeron en la niña.

- Raquel
- Sofía
- Marisa
- Eduvijes
- el cura inglés de ojos azules

Paso 2 Ahora, completa las siguientes oraciones con información verdadera de tu experiencia personal.

1. Las relaciones entre la niña y Raquel (no) son como las relaciones entre

   _____ y yo, _____.
   (nombre)

2. Las relaciones entre la niña y Sofía (no) son como las relaciones entre

   _____ y yo, _____.
   (nombre)

3. Las relaciones entre la niña y Marisa (no) son como las relaciones entre

   _____ y yo, _____.
   (nombre)

4. Las relaciones entre la niña y Eduvijes (no) son como las relaciones entre

_____ y yo, _____.
   (nombre)

5. Las relaciones entre la niña y el cura (no) son como las relaciones entre

_____ y yo, _____.
   (nombre)

Actividad B ✢ Los conflictos

Tal vez el tema principal de «Cirios» sea el del conflicto. Explica con tus propias palabras los varios conflictos que Agosín trata en el cuento. Da ejemplos tomados del cuento.

- el conflicto entre religiones y culturas distintas
- el conflicto entre los padres y su hija
- el conflicto psicológico

Actividad C ✢ Entre líneas

Hay muchos detalles que la narradora no menciona en el cuento. Para apreciar el cuento, tienes que inferir la siguiente información. Contesta cada pregunta dando las razones que apoyan tu opinión.

1. ¿Cuántos años tenía la narradora cuando recibió la hostia?
2. ¿Cómo es Marisa?
3. ¿Cómo son las relaciones entre los padres y su hija, dado que la niña no obedece a sus padres?
4. ¿Por qué motivos asistía la niña a la iglesia?

Hablando de la literatura

Learning to read between the lines, that is, drawing appropriate inferences, is an important skill in reading literature. Although quite short, "Cirios" is a rich story, not only for what is written but for what is not written. What do you find when you read between the lines?

Actividad D ✢ ¿El imperfecto o el pretérito?

Paso 1 Busca en los tres primeros párrafos ejemplos del imperfecto para expresar acciones habituales o repetidas en el pasado y escríbelos en una hoja aparte.

Paso 2 Busca el contexto en que aparecen los siguientes ejemplos textuales para poder explicar el uso del pretérito en ellos.

- Párrafo 1

  «Siempre amé con felicidad las iglesias... Amé con una extraña locura aquel olor a incienso... »

- Párrafo 2

  « ...soy judía, desde niña lo supe... »

- Párrafo 3

  a. « ...les pedí que me dejaran usar una cruz... los noté confusos, preocupados, me pidieron que me quedara en casa los domingos... »

  b. «Me sentí por días horrorizada... »

- Párrafo 4

  « ...yo probé el cuerpo de Cristo... »

Paso 3 Ahora completa las siguientes oraciones con información verdadera según tu experiencia personal y explica las circunstancias.

a. Amé con felicidad _____ y amé con una extraña locura

_____

b. Me sentí por días horrorizado/a por _____

_____

c. Soy _____, desde niño/a lo supe. _____

_____

Comprensión

Escoge la frase correcta para completar la oración o contestar la pregunta.

1. La narradora dice que siempre amó las iglesias debido a...
   a. los ritos de la misa católica.
   b. los sonidos y los olores que percibía en ellas.
   c. que los sermones de los sacerdotes la inspiraban.

2. La narradora supo que era judía porque...
   a. sus padres la llevaban a la sinagoga.
   b. sus abuelas contaban del sufrimiento de los judíos.
   c. su nana Marisa le leía los cuentos de la Biblia.

3. La narradora iba a misa los domingos con...
   a. sus abuelas Raquel y Sofía.
   b. su nana Marisa.
   c. su tía Eduvijes Weismann.

4. La nana Marisa le cubría la cabeza a la narradora con un rebozo para...
   a. impedir que otros descubrieran el ancestro de la niña.
   b. mostrar humildad en un lugar sagrado.
   c. no enfermarse; en las iglesias hacía frío.

5. Al principio, los padres de la narradora...
   a. no estaban preocupados porque su hija asistía a las misas.
   b. le aconsejaron que era inapropiado que fuera tanto a misa.
   c. estaban preocupados porque temían que se convirtiera en católica.

6. La opinión de los padres cambió cuando...
   a. Marisa le echó agua bendita a la niña.
   b. la niña aceptó la hostia.
   c. la niña pidió permiso para llevar un crucifijo.

7. La niña aceptó la hostia del sacerdote porque...
   a. Marisa le dio permiso.
   b. tenía un poco de hambre.
   c. a la niña le gustó el color de los ojos del sacerdote.

8. ¿Cómo reaccionó la narradora al recibir la hostia?
   a. Sintió repulsión.
   b. Quedó satisfecha.
   c. Se sintió confundida.

9. Después de aceptar la hostia, la narradora juró...
   a. convertirse en católica y seguir orando entre los cirios.
   b. quedarse fuera de la iglesia mientras Marisa asistía a misa.
   c. afimar que era judía pero también seguir asistiendo a misa con Marisa.

10. Al final del cuento, la narradora (ya adulta) reflexiona sobre la experiencia de haber recibido la hostia y...
   a. llora.   **b.** se ríe.   **c.** tiene pesadillas.

11. En la iglesia, la narradora oró por su hermana. Le pidió a Dios que protegiera a su hermana de los dolores de cabeza y la náusea causados por...
   a. su temor a los terremotos.
   b. las bajas condiciones en que vivía.
   c. la mediocridad del esposo.

12. Cuando la narradora desobedece a sus padres, afirma que sigue la tradición desafiante de su tía Eduvijes Weismann, quien...
   a. participó en manifestaciones políticas a favor de los derechos de los judíos.
   b. se convirtió en monja.
   c. se casó con un cristiano.

13. ¿Cuál es el origen étnico del sacerdote que le dio la hostia a la narradora?
   a. estadounidense   **b.** inglés   **c.** chileno

14. La narradora (ya adulta) todavía ama las iglesias por...
   a. la música.   **b.** los cirios.   **c.** el silencio.

Ideas para considerar

Lee las siguientes preguntas sobre el cuento. Busca información en el cuento para contestarlas. Escribe por lo menos dos párrafos para cada pregunta.

1. Busca en el cuento los elementos humorísticos y explica el efecto que tienen.
2. La narradora es el personaje principal del cuento. Describe y comenta la personalidad de la narradora y las cualidades que posee, basándote en sus acciones.
3. Dos de los temas del cuento son el hecho de ser diferente y el de manejar conflictos. Cita ejemplos específicos del cuento, comentando los dos temas.
4. Explica el significado de los dos dibujos que acompañan al cuento. ¿A qué parte del cuento se refiere cada uno?

Aplicación

Actividad A ✦ Las prohibiciones de los padres

Busca en el cuento las cosas que los padres no le permitieron a la niña y anótalas. Luego, haz una lista de cuatro cosas que tus padres (abuelos, tíos) no te permitían cuando eras niño/a. Pueden ser similares o diferentes de las cosas que no le permitían a la niña del cuento. **¡Ojo!** Será necesario usar el imperfecto.

Modelos   Cuando era niño/a, no me permitían tener un perro.

De niño/a no me dejaban ir muy lejos de la casa.

Actividad B ✦ Soy judía, desde niña lo supe

Uno de los temas que Agosín trata en «Cirios» es el de ser diferente. En este caso, es lo que significa ser judío en un país católico.

Explora el tema de lo que significa ser diferente en tu país o cultura. Escoge un miembro de cada una de las siguientes categorías y contesta la pregunta: ¿Qué significa ser _____ en este país? **¡Ojo!** Evita los estereotipos.

Modelo   Ser una persona ciega en este país significa llevar una vida difícil. Las carreras abiertas a las personas que no ven son limitadas, no siempre porque una persona ciega no puede hacer el trabajo, sino porque un empleador *cree* que la persona no lo puede hacer. Hay otros problemas: los medios de transporte públicos son muy limitados, por ejemplo.

ETNICIDAD	CREENCIA	SEXO	OTRO
africanoamericano/a	ateo/a	bisexual	anciano/a
asiático/a	budista	hombre	ciego/a
europeo/a	católico/a	homosexual	excombatiente
hawaiano/a	espiritista	lesbiana	paralítico/a
hispano/a	evangelista	mujer	sordomudo/a
indígena	judío/a		zurdo/a
	musulmán/ musulmana		
	protestante		

Actividad C ✢ ¿Y tú?

Completa las siguientes oraciones con recuerdos de tu niñez. (Las frases entre paréntesis son del cuento de Agosín.)

Cuando era niño/a,

1. amé con felicidad ＿＿＿ (las iglesias).
2. gozaba con pensar en ＿＿＿ (las iglesias).
3. mis padres no se preocupaban de ＿＿＿ (mis visitas regulares a la misa).
4. ＿＿＿ (comer el cuerpo de Cristo) no me hizo mucha gracia.
5. me sentí horrorizado/a de ＿＿＿ (haber devorado el cuerpo de Cristo).

In the CD-ROM you can complete additional activities related to "Kentucky"

«Kentucky»

Acerca del autor y la lectura

«*Kentucky*», por Ernesto Cardenal (1925–)

Ernesto Cardenal, poeta y sacerdote nicaragüense, es uno de los grandes poetas latinoamericanos del siglo XX. En su obra combina la fe cristiana profética con una aguda conciencia de la injusticia social. Ha viajado por muchos países del hemisferio occidental y, de 1957 a 1958, vivió en el monasterio de Our Lady of Gethsemane en Kentucky, donde conoció al poeta y teólogo norteamericano Thomas Merton. El poema «Kentucky» está tomado de *Getsemaní,* una colección de poemas que escribió en esa época. En su poesía, Cardenal ha sabido introducir datos contemporáneos, históricos y recuerdos personales para crear una obra de denuncia social y misticismo.

Consejo práctico

You will come across a great many words in the poem "Kentucky" that you already know. You will also come across unfamiliar words. The following vocabulary list and exercises are meant to help you through the reading. Don't worry about incorporating this vocabulary into your daily speech.

Vocabulario útil

Verbos	
aullar	to howl
desembocar (en)	to drain (into)
divisar	to see, take in
pacer	to graze

Sustantivos	
la carabina	rifle
la cloaca	sewer
la fogata	campfire
el gamo	buck (*deer*)
la llanura	plain
el paraíso	paradise
el pasto	grass
la pradera	prairie
la rozadora	lawn mower
la trampa de castor	beaver trap

Actividades de vocabulario

Actividad A ✦ Sinónimos

Empareja las palabras de la columna A con las frases o palabras sinónimas de la columna B.

A	B
1. ____ cloaca	a. fuego
2. ____ trampa	b. terreno plano
3. ____ fogata	c. hierba
4. ____ llanura	d. mirar desde lejos
5. ____ pasto	e. lugar donde un animal queda atrapado
6. ____ divisar	f. canal de agua contaminada

Actividad B ✦ Definiciones

Escribe la palabra del vocabulario que corresponda a las siguientes definiciones.

1. Es lo que hacen algunos perros cuando hay luna llena. _____

2. Animal mamífero con cuernos y manchas blancas en la piel. _____

3. Según algunas religiones, el sitio al que se van algunas personas después de morir. _____

4. Acción de comer los animales la hierba del campo. _____

5. Conducto subterráneo por donde se va el agua sucia. _____

Anticipación

Actividad A ✦ Asociaciones

¿Qué se te ocurre cuando oyes la palabra *Kentucky*? Escribe dos listas, una que contenga sólo adjetivos y otra para las demás palabras, frases e ideas. Luego, escribe todo lo que asocias con Daniel Boone, haciendo otra vez una lista para adjetivos y otra para las demás palabras, frases e ideas.

El primer verso del poema es: «*Kentucky es un segundo paraíso* dijo Daniel Boone». ¿Hay algo en las listas que escribiste que apoye esta afirmación? ¿Hay algo que sugiera que Daniel Boone dijo tal cosa?

Actividad B ✤ Una vista panorámica

Sin leer el poema todavía, escribe un breve párrafo que describa lo que Daniel Boone podría haber visto al cruzar el Cumberland Gap y entrar en Kentucky por primera vez.

Actividad C ✤ Los cambios

¿Cuáles son algunos de los cambios que han ocurrido en los últimos dos siglos en los Estados Unidos en general y en Kentucky en particular? Piensa en los inventos, los descubrimientos y otros avances tecnológicos que han surgido. Ahora haz una lista de estos cambios. Los siguientes mapas conceptuales sugieren una manera de organizar la información.

La vida hace 200 años   **La vida contemporánea**

←—— **los medios de transporte** ——→

←———— **las ciudades** ————→

Primera exploración

Actividad A ✤ Los sentidos

Lee el poema «Kentucky» desde el principio hasta el fin. Como puedes ver, Ernesto Cardenal recurre a algunos de los sentidos para crear descripciones gráficas y enérgicas. Empareja el sentido afectado con la frase del texto correspondiente. **¡Ojo!** En algunos casos puede haber más de una posibilidad.

a. el olfato   **b.** la vista   **c.** el oído

1. _____ el silencioso Ohio que corría por las anchas llanuras
2. _____ huele a fenol
3. _____ los buses cruzan las praderas
4. _____ emigraba en una canoa hacia el río Missouri
5. _____ el rumor de las rozadoras de pasto
6. _____ el tintinear de los highballs
7. _____ las risas
8. _____ el ronco radio
9. _____ los gritos del juego
10. _____ el golpe sordo de la bola de baseball en el guante
11. _____ desde una ventana abierta se eleva un high fidelity
12. _____ el olor de carnes al carbón
13. _____ encendí una fogata

Hablando de la literatura

As you *read* words that refer to the different senses, try to recall an experience you've had with that sense. What does meat grilling over a flame *sound* like? *smell* like? A poem's imagery becomes more immediate and powerful if the reader can imagine and appreciate the impression the poet wants to make on the reader's senses.

14. _____ asar el lomo

15. _____ los lobos aullaban

16. _____ en el Ohio desembocan todas las cloacas

17. _____ desperdicios industriales, sustancias químicas, los detergentes

¿Hay algún sentido que predomine? ¿O es que la lectura del poema es una experiencia para todos los sentidos?

Actividad B ✤ Contrastes

Paso 1   Busca en el poema los cinco verbos que están en el pretérito.

Paso 2   Luego, busca los cinco verbos que están en el imperfecto.

Paso 3   El poeta establece un contraste entre las condiciones y los sucesos del pasado (verbos en el pretérito y el imperfecto) y el presente. ¿Qué contrastes hay respecto a los siguientes aspectos?

la clase media	el ruido que acompaña la civilización
la contaminación industrial	
el desplazamiento de los indios	la sobrepoblación
la destrucción de los bosques	la urbanización
la extinción de los animales	
los problemas financieros de los agricultores	

Actividad C ✤ Las palabras inglesas

Paso 1   ¿Cuántas palabras inglesas incluye Cardenal en «Kentucky»? Algunas son nombres propios, como *Kentucky* y *Daniel Boone*. Haz una lista de todas las que encuentres.

Paso 2   La mayoría de estas palabras inglesas tiene un equivalente en español. Por lo tanto, ¿cuál sería el propósito de Cardenal en usarlas? ¿Qué efecto tienen estas palabras inglesas?

LECTURA

Kentucky

por Ernesto Cardenal

In the CD-ROM you will find an oral reading of this work. You may want to read and listen at the same time to help your comprehension.

Kentucky es un segundo paraíso dijo Daniel Boone.
Fue en busca de Kentucky andando hacia el oeste,
y divisó desde un monte la planicie de Kentucky,
los búfalos paciendo como en haciendas de ganado
y el silencioso Ohio que corría por las anchas llanuras   5
bordeando Kentucky...
                    (y que ahora huele a fenol).

Forest Grove   Prairie Village   Park Forest   Deer Park
        ¡los nombres de la frontera!
ahora son nombres de fraccionamientos suburbanos.   10

Los buses cruzan las praderas donde pastaban los búfalos.

Donde acampó una vez el pionero de la frontera
que emigraba en una canoa hacia el río Missouri
con su carabina y tomahawk y sus trampas de castor,
siguiendo a los castores,   15

ahora resuena el rumor de las rozadoras de pasto,
el tintinear de los highballs, las risas, el ronco radio,
los gritos del juego de croquet y de volleyball
y el golpe sordo de la bola de baseball en el guante.
20   Desde una ventana abierta se eleva un high fidelity
y, con el olor de carnes al carbón, flota en la noche.
Todo estaba quieto...
          —escribe Daniel Boone—
Encendí una fogata junto a una fuente
25   *para asar el lomo de un gamo que había matado.*
Los lobos aullaban toda la noche...

Y ahora en el Ohio desembocan todas las cloacas,
desperdicios industriales, sustancias químicas.
Los detergentes de las casas han matado a los peces,
30   y el Ohio huele a fenol...

Segunda exploración

Actividad A ⁜ El tono

Paso 1 Busca las siguientes frases en el poema y subráyalas.

1. (y que ahora huele a fenol)
2. ¡los nombres de la frontera!
3. el rumor de las rozadoras
4. el tintinear de los highballs

Paso 2 Lee (en voz alta si es posible) las frases anteriores varias veces. Cambia cada vez el tono de voz con que las lees.

1. un tono neutral
2. un tono dulce
3. un tono cínico

¿Cuál es la interpretación más apropiada?

Actividad B ⁜ Una oración larga

Paso 1 El poema contiene una oración bastante larga. Vas a analizar esta oración para entender mejor el poema. Primero, lee la oración que empieza en el verso 12 y sigue hasta el verso 19.

Paso 2 El poeta habla del pionero de la frontera entre los versos 12 y 15. Busca los siguientes datos en estos versos.

1. los tres verbos que indican lo que hacía el pionero
2. las tres cosas que poseía

Paso 3 Escribe una lista de lo que poseen ahora los habitantes de esta zona donde acampó el pionero.

Actividad C ✥ Contrastes

Paso 1 La tercera estrofa y la cuarta presentan contrastes entre el presente y el pasado. Completa el siguiente cuadro con información del poema.

LO QUE ESCRIBIÓ DANIEL BOONE	EL CONTRASTE CON EL PRESENTE
1. todo estaba quieto	_____
2. encendí una fogata	_____
3. asar el lomo	_____
4. había matado (cazado) el gamo	_____
5. los lobos aullaban	_____

Paso 2 Explica con tus propias palabras el contraste entre el primer verso del poema y la última estrofa.

Comprensión

Escoge la frase correcta para completar la oración o contestar la pregunta.

1. Daniel Boone divisó desde un monte todas las siguientes cosas menos una. ¿Cuál es?
   a. los búfalos paciendo
   b. el río Ohio
   c. las llanuras
   d. los gamos

2. ¿Con qué palabra describe el río Ohio el poeta en la época de Daniel Boone?
   a. silencioso
   b. oloroso
   c. tintineante

3. ¿Qué palabra se puede usar para describir el contraste entre el río Ohio de la época de Daniel Boone y el río de hoy en día?
   a. navegable
   b. oloroso
   c. quieto

4. ¿Qué comentario hace el poeta acerca de los nombres de los fraccionamientos suburbanos?
   a. Los nombres describen bien los fraccionamientos suburbanos.
   b. El nombre del fraccionamiento suburbano que prefiere el autor es Deer Park.
   c. Son nombres de la frontera, pero la frontera ya no existe.

5. ¿A qué sentido recurre el autor con las siguientes descripciones: «el rumor de las rozadoras», «el tintinear de los highballs», «las risas», «el ronco radio», «los gritos», «el golpe sordo de la bola de baseball», «un high fidelity»?
   a. el oído
   b. el olfato
   c. la vista

6. Toda la actividad que caracteriza los fraccionamientos suburbanos contrasta con...
   a. el pionero que emigraba y que había acampado allí una vez.
   b. los planes que tenía Daniel Boone para fundar su propia ciudad, Boonesville.
   c. la presencia de castores, gamos y búfalos en la pradera.

7. La fogata que encendió Daniel Boone para asar el lomo de gamo contrasta con...
   a. el tintinear de los highballs.
   b. el olor de carnes al carbón.
   c. los detergentes de las casas que han matado a los peces.

8. Las cloacas, las sustancias químicas y los detergentes son... del desarrollo y la industrialización.
   a. las consecuencias
   b. los beneficios
   c. las necesidades

Ideas para considerar

Lee las siguientes preguntas sobre el poema. Busca información en el poema para contestarlas. Escribe por lo menos dos párrafos para cada pregunta.

1. En el poema, Daniel Boone dice que «Kentucky es un segundo paraíso». Citando ejemplos específicos del poema, describe las características de un «paraíso».

2. Además de su asociación con Kentucky, ¿por qué es Daniel Boone el personaje perfecto para enfatizar los contrastes entre el pasado y el presente?

3. Citando ejemplos específicos del poema, comenta cómo el poeta crea imágenes del presente y del pasado con base en los sentidos (el olfato, la vista, el oído).

4. Explica el significado de los dos dibujos que acompañan al cuento. ¿A qué parte del cuento se refiere cada uno?

Aplicación

Actividad A ✤ Las necesidades

Escribe una lista para cada uno de los siguientes temas.

- Las necesidades más comunes del individuo hace 200 años
- Las necesidades más comunes del individuo hoy en día

¿Nombraste cosas que realmente son necesidades o sólo son comodidades? ¿De verdad no puedes vivir sin lo que han escrito en tu lista? ¿Incluíste en la lista de hoy en día aparatos, como el teléfono y la computadora, que son el resultado de avances tecnológicos?

Actividad B ✤ Encendí una fogata como Daniel Boone

Indica cuál de las siguientes afirmaciones te aplica a ti.

1. He acampado y me gustó.
2. He acampado y no me gustó.
3. Nunca he acampado pero tengo ganas de hacerlo.
4. Nunca he acampado y no me interesa hacerlo.

Comenta ahora tus experiencias o expectativas con respecto al acto de acampar. Puedes incluir algunas de las siguientes consideraciones.

las actividades y diversiones	los compañeros
los animales	la contaminación
las comodidades	las inconveniencias

Paso optativo Comparte tus comentarios con la clase. ¿Qué aspectos de la experiencia de acampar puedes nombrar para convencer a los compañeros que nunca lo han hecho de que deben intentarlo alguna vez?

Actividad C ✤ Es un segundo paraíso

Si Kentucky fue un segundo paraíso para Daniel Boone, ¿qué lugar sería el segundo paraíso para ti? Describe en un párrafo cómo es este «paraíso», sin mencionar el nombre del lugar.

Ahora piensa en el futuro de tu «segundo paraíso» y considera si seguirá siéndolo dentro de cien años. Escribe un párrafo al respecto incluyendo los siguientes temas.

la contaminación...	el desarrollo industrial
del agua	la protección del medio ambiente
del aire	la urbanización
del suelo	

Consejo práctico

When describing something for someone else to guess, you need to be especially careful as you select the information to include. You also need to consider the order in which you present it. Don't provide an obvious clue at the beginning. Be more subtle and lead your listener from the least obvious clue to the most obvious one.

In the CD-ROM you can complete additional activities related to "Telenovela"

«Telenovela»

Acerca de la autora y la lectura

«*Telenovela*», por Rosario Castellanos (1925–1974)
Rosario Castellanos es una de las figuras más importantes de la literatura mexicana contemporánea. Su obra ha tenido una influencia importante también en la literatura chicana. Escribió ensayos, poemas y novelas. Nació en la ciudad de México, pero pasó su niñez y adolescencia en el estado de Chiapas, escenario de sus novelas más importantes. Allí colaboró activamente en el Instituto de Ciencias y Artes de Chiapas. Además de haber sido una de las escritoras trascendentales de México del siglo XX, sirvió como embajadora de México en Israel, hasta su muerte en 1974.

Consejo práctico

You will come across a great many words in the poem "Telenovela" that you already know. You will also come across unfamiliar words. The following vocabulary list and exercises are meant to help you through the reading. Don't worry about incorporating this vocabulary into your daily speech.

Vocabulario útil

Verbos

acertar (a)	to be able (to)
ahuyentar	to chase away
brindar	to toast (with a drink)
costear	to pay for
mascullar	to mumble
urdir	to scheme, dream up

Sustantivos

el aliento	breath
el aula (but *f.*)	classroom
la beatitud	saintliness

la carencia	need, wanting
la cátedra	lecture
el/la cómplice	accomplice
el loor	praise
el merodeo	wandering
la potestad	authority
la rencilla	disagreement
el siervo (la sierva)	servant
la vitrina	glass showcase

Adjetivos

idóneo/a	original
menesteroso/a	needy

Actividades de vocabulario

Actividad A ✦ Asociaciones

Después de estudiar el vocabulario anteriormente presentado, empareja cada palabra de la columna A con su definición o descripción de la columna B.

A	B
1. _____ mascullar	**a.** felicidad eterna
2. _____ vitrina	**b.** que no tiene nada
3. _____ urdir	**c.** suceder por casualidad
4. _____ brindar	**d.** hacer preparativos para algo
5. _____ aula	**e.** alejar a alguien
6. _____ ahuyentar	**f.** tomar vino en honor de alguien o de alguna ocasión especial
7. _____ beatitud	
8. _____ acertar	**g.** hablar en voz muy baja o entre dientes
9. _____ menesteroso	**h.** escaparate de una tienda para la exhibición de productos
	i. salón de clase

Actividad B ✦ Definiciones

Escribe la palabra del vocabulario que corresponda a las siguientes definiciones.

1. Es el espacio en el que se imparten clases a los estudiantes.   _____

2. Es lo que se produce cuando hay un desacuerdo o malentendido.   _____

3. Se dice de la persona que tiene muchas carencias y necesidades.   _____

4. Acción de hablar en voz baja para evitar que la gente escuche.   _____

5. Se dice del paseo o la caminata que no tiene un destino específico.   _____

Anticipación

Actividad A ✦ ¿Qué es una telenovela?

Escribe todo lo que sepas acerca de las telenovelas, considerando los siguientes puntos.

- los temas —¿Cuáles son algunos temas que recurren en las telenovelas? ¿Qué temas son los más populares?
- los personajes —¿Qué tipo de personajes aparece comúnmente en las telenovelas? ¿Qué profesiones se ven representadas? ¿Aparecen personajes pobres?
- el público de las telenovelas —¿Quiénes ven las telenovelas? ¿Cómo es este/a televidente? ¿A qué clase(s) social(es) pertenece?
- los anuncios publicitarios —¿Qué tipo de productos suelen patrocinar las telenovelas? ¿Quiénes, por lo general, compran este tipo de productos?

Ahora describe la telenovela con una sola definición que la distinga de otros programas.

Actividad B ✦ ¿Te gustan las telenovelas?

Escribe una lista de razones por las cuales a algunas personas les gustan tanto las telenovelas. Luego, escribe una lista de las razones por las cuales otras personas las detestan. ¿A cuál de los grupos perteneces tú?

Paso optativo Averigua la siguiente información sobre las opiniones y preferencias de la clase.

- ¿Cuántos miembros de la clase no ven nunca las telenovelas?
- ¿Cuántos las ven de vez en cuando?
- ¿Cuántos son aficionados a cierta telenovela?
- ¿Cuál es la telenovela que ve el mayor número de los estudiantes de esta clase?

Ahora vuelve a la descripción del público de las telenovelas que escribiste en la Actividad A. ¿Son éstas las características de los miembros de esta clase?

Actividad C ✦ Las telenovelas hispanas

El poema de Rosario Castellanos tiene como tema principal una telenovela hispana. ¿Conoces las diferencias que existen entre las telenovelas hispanas y las de este país? Haz una lista de al menos tres diferencias principales. Si no estás familiarizado con las telenovelas, entrevista a alguien que sí lo esté.

Primera exploración

Actividad A   ✣ Los personajes

Paso 1   Lee la primera estrofa del poema y determina qué papel, según Rosario Castellanos, desempeña la televisión en la sociedad de hoy en día.

Paso 2   Ahora lee las estrofas 2 y 3. ¿Quiénes son las seis personas que van a ver la telenovela y cuáles son las actividades que dejan de hacer para poder verla?

Paso 3   ¿Qué imagen te formas de esta familia? ¿Crees que la familia que describe Castellanos es la «típica» familia mexicana de hoy en día? ¿Por qué sí o por qué no? ¿De qué clase social crees que es la familia?

Paso 4   Lee las estrofas 4, 5 y 6. Haz una lista de los siete personajes mencionados y escribe dos o tres adjetivos que describan a cada uno de ellos. ¿Cómo son? ¿Y cómo son las situaciones en que se encuentran? ¿También se puede encontrar personajes de este tipo en las telenovelas norteamericanas?

Actividad B   ✣ «Y hay que comprar... »

Paso 1   Lee las estrofas 7 y 8. ¿En qué se enfocan estas estrofas? ¿Cómo lo sabes? ¿Cuáles de los siguientes verbos captan mejor la actitud de la autora respecto al nuevo enfoque?

acepta	aprueba	desprecia	prohíbe
acomoda	consiente	examina	reprueba
admite	critica	juzga	valora

Paso 2   Lee ahora las estrofas 9, 10 y 11. Describe cómo son los siguientes dos personajes. Haz una lista de las características de cada uno.

- el hombre (es decir, el ser humano)
- el publicista

Actividad C   ✣ Por fin

Paso 1   Lee las últimas dos estrofas. ¿Cómo termina Castellanos el poema? ¿Qué sucede? ¿Cómo ha sido la «reunión» de la familia? ¿Es típico eso?

Paso 2   El poema termina con las palabras «sueños prefabricados». ¿A qué se refiere esta frase?

LECTURA

In the CD-ROM you will find an oral reading of this work. You may want to read and listen at the same time to help your comprehension.

Telenovela

por Rosario Castellanos

El sitio que dejó vacante Homero,
el centro que ocupaba Scherezada
(o antes de la invención del lenguaje, el lugar
en que se congregaba la gente de la tribu
5   para escuchar al fuego) ahora está ocupado por
la Gran Caja Idiota.

Los hermanos olvidan sus rencillas
y fraternizan en el mismo sofá; señora y sierva
declaran abolidas diferencias de clase
10 y ahora son algo más que iguales: cómplices.

La muchacha abandona
el balcón que le sirve de vitrina
para exhibir disponibilidades
y hasta el padre renuncia a la partida
15 de dominó y pospone
los otros vergonzantes merodeos nocturnos.

Porque aquí, en la pantalla, una enfermera
se enfrenta con la esposa frívola del doctor
y le dicta una cátedra
20 en que habla de moral profesional
y las interferencias de la vida privada.

Porque una viuda cose hasta perder la vista
para costear el baile de su hija quinceañera
que se avergüenza de ella y de su sacrificio
y la hace figurar como a una criada.   25

Porque una novia espera al que se fue;
porque una intrigante urde mentiras;
porque se falsifica un testamento;
porque una soltera da un mal paso
y no acierta a ocultar las consecuencias.   30

Pero también porque la debutante
ahuyenta a todos con su mal aliento.
Porque la lavandera entona una aleluya
en loor del poderoso detergente.
Porque el amor está garantizado   35
por un desodorante
y una marca especial de cigarrillos
y hay que brindar por él con alguna bebida
que nos hace felices y distintos.

Y hay que comprar, comprar, comprar.   40
Porque comprar es sinónimo de orgasmo,
porque comprar es igual que beatitud,
porque el que compra se hace semejante a los
dioses.

45 No hay en ello herejía.
Porque en la concepción y en la creación del
hombre se usó como elemento la carencia.
Se hizo de él un ser menesteroso,
una criatura a la que le hace falta
50 lo grande y lo pequeño.

Y el secreto teológico, el murmullo
murmurado al oído del poeta,
la discusión del aula del filósofo
es ahora potestad del publicista.

Como dijimos antes no hay nada malo en ello.   55
Se está siguiendo un orden natural
y recurriendo a su canal idóneo.
Cuando el programa acaba
la reunión se disuelve.
Cada uno va a su cuarto mascullando un —   60
apenas— «buenas noches».

Y duerme. Y tiene hermosos sueños
prefabricados.

Segunda exploración

Actividad A ❖ Leer y contar frente a ver

Paso 1 Al referirse a Homero, Scherezada y a la gente de la tribu en la primera estrofa, la poeta hace referencia a las tradiciones orales y escritas como medios de comunicación. Escribe con qué obras literarias se asocian Homero y Scherezada.

Paso 2 Lee la siguiente lista e indica quién te leía o te contaba historias cuando eras niño/a.

_____ tu madre	_____ otros familiares: _____
_____ tu padre	_____ tus amigos
_____ tu abuela	_____ tus maestros
_____ tu abuelo	_____ nadie
_____ tus hermanos mayores	
_____ tus vecinos	

Paso 3 En la primera estrofa se mencionan «el sitio», «el centro» y «el lugar en que se congregaba la gente». En tu familia, ¿qué cuarto de la casa es «el centro en que se congrega la gente»? ¿Hay un televisor en este cuarto?

Paso 4 Primero, indica cuál de estas dos actividades hacías más en tu niñez y/o juventud.

- leer
- ver la televisión

Luego, contesta la siguiente pregunta según tus propias experiencias: ¿Crees que en nuestra sociedad las tradiciones orales y escritas se han perdido? Escribe tu respuesta.

Actividad B ✤ Una actividad comunal

Paso 1 La última palabra de la segunda estrofa es **cómplices.** Escribe por lo menos tres palabras que asocias con el acto de ser cómplice.

Paso 2 Explica por escrito, con tus propias palabras, cómo la palabra **cómplice** describe perfectamente el papel que desempeñan la señora y la sierva.

Paso 3 Escribe tres nombres, por lo menos, de tres programas (o tipo de programas) que son mejores cuando se ven en compañía de otros.

¿Te sientes «cómplice» de algunos de esos programas? ¿cuáles? ¿Por qué te sientes así? Escribe tus respuestas.

Actividad C ✤ La concepción y creación del hombre

Paso 1 Lee la estrofa 9 antes de contestar las siguientes preguntas.

1. ¿A qué se refiere **ello** en la primera línea?
   a. al hecho de comprar   c. a la beatitud
   b. al orgasmo   d. a uno de los dioses

2. ¿A qué se refiere **él** en la línea 4?
    a. a un dios   **c.** al orgasmo
    b. al hombre   **d.** a un elemento

3. ¿A qué se refiere **le** en la línea 5?
    a. a un ser menesteroso   **c.** a un elemento
    b. a una criatura   **d.** a la herejía

Paso 2 Escribe un párrafo explicando si estás de acuerdo o no con esta descripción del hombre. Debes incluir por lo menos tres ejemplos que apoyen tu opinión.

Actividad D ✣ Los temas

Paso 1 Repasa las actividades que se encuentran en Primera exploración (pág. 40). Luego, lee el poema desde el principio hasta el fin. Durante la lectura, busca todos los temas que toca el poema y escribe una lista.

Paso 2 Con tus propias palabras, describe el punto de vista del poema con respecto a cada uno de los temas que mencionaste en el Paso 1.

Comprensión

Escoge la frase correcta para completar la oración o contestar la pregunta.

1. El sitio que Homero dejó vacante, ahora lo ocupa…
    a. Scherezada.
    b. la gente de la tribu al congregarse frente al fuego.
    c. la televisión.

2. El sitio, el centro y el lugar se refieren a…
    a. la comunicación y el intercambio de ideas e información.
    b. la sala de la casa en que está puesto el televisor.
    c. los centros comerciales (*malls*).

3. ¿Qué significa «los hermanos olvidan sus rencillas y fraternizan en el mismo sofá»?
    a. Se tranquilizan y se concentran en la misma cosa.
    b. Como van a comer, empiezan a comportarse bien.
    c. Se comportan bien porque la sierva los ha castigado.

4. ¿Por qué son cómplices ahora la sierva y la señora?
    a. En la sociedad contemporánea, las diferencias de clase no son tan importantes como en el pasado.
    b. Las dos quieren que los hijos no hagan tanto ruido y que se comporten bien.
    c. Son iguales al compartir su pasión por ciertos programas televisivos.

5. ¿Cuántos años tiene probablemente la muchacha?
   a. entre 9 y 11
   b. entre 12 y 14
   c. entre 15 y 17

6. Los merodeos nocturnos del padre se describen como
   «vergonzantes». Eso significa que...
   a. se puede dudar de la moralidad del padre.
   b. el padre trabaja de noche y no de día, y eso no es muy
      aceptable en la sociedad mexicana.
   c. el padre no tiene buen sentido de orientación y se pierde con
      frecuencia.

7. Todas las siguientes oraciones sobre el programa televisivo que
   miran son verdaderas, menos una. ¿Cuál es?
   a. La esposa del médico no le cae bien a la enfermera.
   b. La viuda está avergonzada de la vida privada de su hija.
   c. La hija no aprecia todo lo que hace su madre por ella.

8. En el verso 25, la palabra «la» en la frase «la hace figurar como a
   una criada» se refiere a...
   a. la esposa del médico.
   b. la enfermera.
   c. la viuda.
   d. la hija de la viuda.

9. ¿Quiénes hacen las cosas que ocurren entre los versos 26 y 30?
   a. los hermanos
   b. la hija y la sierva
   c. los personajes de la telenovela
   d. el padre y la madre

10. ¿Cuál es la mejor interpretación del efecto de los anuncios
    publicitarios?
    a. Nos garantizan el amor y la felicidad.
    b. Nos dan una impresión falsa de la vida.
    c. El mal aliento, un poderoso detergente y un desodorante nos
       hacen distintos.

11. La poeta repite el verbo «comprar» cinco veces entre los versos
    40 y 43. ¿Cuál es la actitud de la poeta respecto al consumo?
    a. Aprueba el impulso de comprar.
    b. Se resigna al impulso de comprar.
    c. Reprueba el impulso de comprar.

12. ¿A qué se refiere la palabra «ello» en el verso 45: «No hay en ello
    herejía»?
    a. Comprar es sinónimo de orgasmo.
    b. Comprar es igual que beatitud.
    c. El que compra se hace semejante a los dioses.

13. Según el poema, la carencia es...
    a. un elemento fundamental en el carácter del ser humano.
    b. herejía.
    c. el resultado de comprar, comprar, comprar.

14. Que al ser humano «le hace falta lo grande y lo pequeño» significa que
   a. puede comprar lo que no tiene.
   b. el ser humano es semejante a los dioses.
   c. el ser humano tiene una perspectiva limitada.

15. ¿Cuál es la mejor interpretación de los versos 51 a 54?
   a. Los publicistas son muy bien educados en filosofía, poesía y teología.
   b. Los publicistas, como antes los filósofos, teólogos y poetas de otra época, afectan la forma en que piensa la gente.
   c. Los publicistas son seres menesterosos.

16. Cuando acaba el programa, los miembros de la familia van a sus cuartos «mascullando un —apenas— "buenas noches"» (versos 60 y 61). ¿Qué significa esto?
   a. Las relaciones familiares son buenas.
   b. Además del programa, los miembros de la familia tienen muy poco en común.
   c. El programa terminó tarde y los miembros de la familia tienen sueño.

17. ¿Cuál es el sujeto gramatical de las oraciones en el verso 62: «Y duerme. Y tiene hermosos sueños prefabricados»?
   a. cada miembro de la familia
   b. el publicista
   c. la Gran Caja Idiota
   d. el programa

Ideas para considerar

Lee las siguientes preguntas sobre el poema. Busca información en el poema para contestarlas. Escribe por lo menos dos párrafos para cada pregunta.

1. Busca en el poema la información que tenemos sobre cada uno de los miembros de la familia. Luego, descríbelos uno por uno. Debes citar información específica del poema y también inferir (elaborar) basándote en esta información.

2. En el último verso (62) del poema aparece la oración «Y tiene hermosos sueños prefabricados». Explica el significado de esta oración dentro del contexto del poema. Debes citar información y versos específicos para apoyar tu interpretación.

3. Uno de los temas del poema es el efecto de los anuncios publicitarios y de los publicistas en la sociedad. Busca en el poema las varias referencias a este tema. Teniendo en cuenta que el poema fue escrito antes de 1974 (el año en que Castellanos murió), ¿se puede aplicar lo que dice Castellanos sobre este tema a la sociedad de hoy?

4. Lo que tiene que decir Castellanos sobre la televisión se encuentra en el verso 6; es «la Gran Caja Idiota». ¿Estás de acuerdo? Explica por qué sí o por qué no.

5. Explica a qué se refiere el «sitio» que Homero dejó vacante, el «centro» que ocupaba Scherezada, el «lugar» en que se congregaba la gente de la tribu.

6. Explica el significado de los dos dibujos que acompañan al poema. Descríbelos comparándolos con el texto.

Aplicación

Actividad A ✧ Los papeles que desempeñan las telenovelas

¿Cuáles son los papeles que desempeñan las telenovelas? Haz una lista con la ayuda del siguiente mapa conceptual, pero no es necesario que te limites a él. Comenta también qué opinaría Rosario Castellanos de los papeles que desempeñan las telenovelas.

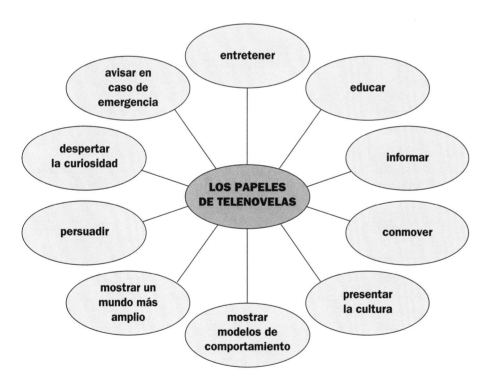

Actividad B ✦ Para que tenga éxito...

Según muchos, el éxito de una telenovela depende de los temas tratados en ella. Lee la siguiente lista de temas y escoge los que te parezcan ideales para lograr que una telenovela tenga éxito. Luego, escoge los tres peores para el éxito de una telenovela.

- ☐ el aborto
- ☐ el amor romántico
- ☐ los amores prohibidos
- ☐ las carreras
- ☐ las crisis emocionales
- ☐ el divorcio
- ☐ los embarazos indeseados
- ☐ la frigidez
- ☐ la homosexualidad
- ☐ la infidelidad en el matrimonio

- ☐ el maltrato físico
- ☐ el matrimonio
- ☐ la política
- ☐ los problemas de salud
- ☐ los problemas económicos
- ☐ el racismo
- ☐ la religión
- ☐ el SIDA
- ☐ la vida de los muy ricos
- ☐ la vida de los negociantes

Ahora haz una lista de los personajes apropiados y las cualidades que deben tener para que una telenovela que trate los temas mencionados tenga éxito.

Actividad C ✦ Los «teleadictos»

¿Cómo se puede identificar a un «teleadicto»? Escribe un cuestionario de cinco preguntas que se pueda usar para determinar si una persona es teleadicta o no.

Paso optativo   Con base en este cuestionario, cada estudiante debe entrevistar a un compañero (una compañera) de clase para determinar si es teleadicto/a o no. ¿Cuántos teleadictos hay en la clase?

In the CD-ROM you can complete additional activities related to "Una carta de familia"

«Una carta de familia»

• •

Acerca del autor y la lectura

Consejo práctico

«*Una carta de familia*», por Álvaro Menéndez Leal (1931–2000)

Álvaro Menéndez Leal nació en El Salvador. Su obra literaria comprende todos los géneros: poesía, ensayo, cuento, novela y teatro. Sus intereses literarios son diversos y esta diversidad se nota no sólo en los géneros en que escribe sino también en los temas que trata: el abuso del poder por parte de las autoridades políticas, la autodefensa de los débiles, la ciencia ficción y asuntos fantásticos. Suele firmar su obra bajo el pseudónimo de Álvaro Menén Desleal.

You will come across a great many words in the story "Una carta de familia" that you already know. You will also come across unfamiliar words. The following vocabulary list and exercises are meant to help you through the reading. Don't worry about incorporating this vocabulary into your daily speech.

Vocabulario útil

Verbos

ametrallar	to gun down
suplicar	to beseech, beg
toser	to cough

Sustantivos

el aprendiz	apprentice
la célula	underground group of guerrilla fighters
la guerrilla	guerrilla activity against the government
la huelga	strike, work stoppage to protest government action
el juzgado	court

el pulmón	lung
el reposo	rest, recuperation
la sastrería	tailor shop
el tachón	cross-out marks
el taller	workshop

Adjetivo

atento/a	attentive, polite

Expresiones

a propósito	by the way
hacérsele una piedra en la garganta	to get a lump in one's throat

49

Actividades de vocabulario

Actividad A ✤ Palabras clave

Escribe dos palabras clave que te ayuden a recordar las siguientes
palabras de la lista de vocabulario.

1. el aprendiz
2. la guerrilla
3. el pulmón
4. el tachón
5. toser
6. suplicar
7. la huelga
8. el reposo

Actividad B ✤ Asociaciones

Escribe todas las palabras y expresiones de la lista de vocabulario que
asocies con los siguientes conceptos o ideas.

1. el cuerpo humano
2. el trabajo
3. el estudio
4. el sufrimiento

Anticipación

Actividad A ✤ La censura

Escribe una lista de por lo menos cuatro razones o efectos de cada uno
de los dos siguientes temas.

TEMA A: Razones por las cuales los gobiernos censuran

TEMA B: Efectos que tiene la censura en la sociedad

Actividad B ✤ Temas entre familiares

Prepara una lista de los temas que tratas cuando hablas o cuando les
escribes a tus familiares. Piensa en la última carta que les escribiste a
tus padres (hijos, abuelos) o en la última conversación que tuviste con
ellos. Luego repasa la lista, pero desde el punto de vista de un censor.
¿Qué temas podrían ser censurados?

Actividad C ✤ Predicciones

Lee las seis primeras líneas del cuento. Basándote solamente en esta
información y lo que puedas leer entre líneas, indica lo que sabes acerca
de los siguientes personajes.

- de Víctor
- de la mujer
- del país en que vive la mujer

Con base en esta información, piensa en lo que posiblemente va a ocurrir en el cuento. Haz tres predicciones: una sobre Víctor, otra sobre la mujer y otra sobre el país.

Primera exploración

Consejo práctico

Writers use italic print for a variety of purposes. In the story "Una carta de familia," Menéndez Leal uses italic print every time the woman stops writing the letter. When you encounter these pauses in the letter, you should also pause and try to read between the lines. First, consider the content of what the woman just wrote. Second, consider what is going on in her mind.

Actividad A ✤ El país y el coronel

En las líneas 4 y 5, la mujer escribe que «la situación es normal». Lee las siguientes secciones y escribe un resumen para cada una de ellas.

- desde la línea 8 hasta la línea 12
- desde la línea 14 hasta la línea 20
- desde la línea 22 hasta la línea 29

¿Qué impresión tienes del país? ¿Y de la personalidad del coronel? ¿Estás de acuerdo con lo que dice la mujer, de que «la situación es normal»?

Actividad B ✤ La familia

Lee desde la línea 31 hasta la línea 36. Describe con tus propias palabras la situación en que se encuentra la familia de Víctor. En tu opinión, ¿quién dejaría a su familia en tales condiciones? ¿Qué motivaría la salida de esa persona?

Actividad C ✤ El cierre

Lee desde la línea 37 hasta el final del cuento. Fíjate en el último verbo del cuento. ¿Cuál es el sujeto de este verbo?

Así se dice

In some Latin American countries the pronoun **vos** is used when the relationship between two people is a close one (called **voseo**). **Vos** is used in place of **tú** and sometimes, as in this story, in addition to **tú**. The stress in the present indicative and present subjunctive is shifted to the last syllable of the verb. Here are some examples of **voseo** that you will find in this story:

sabes→sabés
puedes→podés
escribes→escribís
vuelvas→volvás

Note that stem-changing verbs like **poder** and **volver** do not undergo the stem change in the **vos** form because the stem does not receive the stress.

Ahora termina las siguientes oraciones con tres ideas diferentes. **¡Ojo!** Cuidado con las formas verbales. Será necesario utilizar el subjuntivo.

1. Dudo que...
   a.   b.   c.

2. Es probable que...
   a.   b.   c.

In the CD-ROM you will find an oral reading of this work. You may want to read and listen at the same time to help your comprehension.

LECTURA

Una carta de familia

por Álvaro Menéndez Leal

«Querido Víctor:»

La mujer esperó. Las dos palabras se le hicieron piedra en la garganta. Una sola piedra.

«Te escribo otra vez para suplicarte que vuelvas al país. La situación es normal, todo el mundo está tranquilo en su trabajo, y el gobierno tiene el apoyo del pueblo».

Esperó. Volvió a escribir.

«Ya no hay huelgas, ni guerrilla. A propósito, se ha sabido que no es cierto que la policía hubiera matado a Raúl y a los

otros de tu célula. Parece que Raúl, borracho, los ametralló
y luego se suicidó. Tenía problemas con su mujer, vos sabés.
Todo eso se supo en el juzgado». 10

Esperó. Volvió a escribir.

«El coronel sigue de director en la policía. Hace poco lo vi
y fue muy atento conmigo. Me dijo que cuando yo quisiera 15
él iba a hablar con el dueño del taller para que te den otra
vez el trabajo. Y que me iba a conseguir un apartamento en
los multifamiliares de Candelaria. Les conté a los niños y
están felices. Imagínate. Allí tienen una escuela y un parque,
y hasta un televisor en el parque». 20

Esperó. Volvió a escribir.

«El coronel dice que vos sabés que él es buena gente.
Que ya no hay nada contra vos y que cuando te capturó la
última vez te trató bien, y que la otra vez los agentes te
hicieron lo que te hicieron sin que él XXXXX perdoná el 25
tachón, supiera nada, pero que arrestó a los agentes al
saberlo. Dice que esas cosas no pasan en una democracia.
Yo creo que es cierto, y por eso no está bien lo que declaraste en los periódicos de allí».

Esperó. Volvió a escribir. 30

«Matildita lleva el segundo lugar en la escuela. Pero tengo
problemas con Arturo, que dice que quiere entrar de aprendiz y no terminar la escuela. Yo no quiero porque está muy

35 pequeño, y además el doctor dice que lo del pulmón necesita reposo. Por eso es necesario que volvás pronto. Ya casi no echa sangre, sólo cuando tose fuerte».

Esperó. Volvió a escribir.

«A mi padre le quitaron el trabajo en la sastrería. Sigue peor de la vista. Yo creo que ya no me va a poder seguir
40 ayudando, ya está muy viejito. Por eso mejor te vienes, pues yo sola no puedo ganar lo suficiente. Además yo no creo que te pase nada, el gobierno da garantías. Fíjate que ya ni censura hay, por eso te escribo todo esto, así que vos podés contestarme, ya ni cartas me escribís».

45 *Esperó. Volvió a escribir.*

«Cuídate mucho, y que vengas pronto es el deseo de tus hijos y de tu Carlota»

Le quitaron la hoja de papel.

Segunda exploración

Actividad A ✦ ¿Por qué espera?

Carlota espera seis veces mientras escribe la carta. Las siguientes oraciones preceden las pausas en escribir la carta. Tomando en cuenta la censura, escribe lo que probablemente estaba pensando Carlota al escribir estas oraciones.

- «La situación es normal, todo el mundo está tranquilo en su trabajo, y el gobierno tiene el apoyo del pueblo».
- «Todo eso se supo en el juzgado».
- «Allí tienen una escuela y un parque, y hasta un televisor en el parque».
- «Yo creo que es cierto, y por eso no está bien lo que declaraste en los periódicos de allí».
- «Ya casi no echa sangre, sólo cuando tose fuerte».
- «Fíjate que ya ni censura hay, por eso te escribo todo esto, así que vos podés contestarme, ya ni cartas me escribís».

Actividad B ✦ Buscar los detalles

Busca en el cuento las oraciones y frases que apoyan las siguientes afirmaciones.

- Víctor y Carlota no están en el mismo país.
- Carlota y los niños ya no viven en Candelaria.
- Víctor fue torturado.
- La situación de Carlota es desesperada.

Actividad C ✢ Leer entre líneas

Paso 1 Lee de nuevo las líneas 20 a 23. En la segunda oración aparece el tachón. ¿A quién se refiere «él» en la frase « ...sin que él... »? Escribe tu respuesta.

Paso 2 En la línea 14, Carlota empieza a hablar del coronel. En la línea 15, utiliza el pretérito para describir su conversación con el coronel. Pero en la línea 23, utiliza el presente para describir su conversación con él. ¿Qué refleja el cambio de tiempo verbal? Escribe tu respuesta.

Paso 3 La última oración del cuento es «Le quitaron la hoja de papel.» La forma del verbo es la tercera persona del plural. ¿Quiénes serán las personas que le quitaron la hoja de papel? Escribe tu respuesta.

Actividad D ✢ Tu opinión

Indica si estás de acuerdo o no con las siguientes afirmaciones. Explica tu reacción a cada una citando información específica del texto.

1. Alguien le está dictando la carta a Carlota.
2. Han arrestado a Carlota. Está escribiendo la carta en la cárcel.
3. Al padre de Carlota le quitaron el trabajo para que sufriera más, no porque tuviera algo en la vista.
4. Si Víctor volviera a su país, el coronel cumpliría con la promesa de conseguirle otra vez su trabajo en el taller.
5. Carlota exagera los problemas que tiene con el hijo, Arturo.
6. El gobierno del país de Víctor y Carlota no es muy popular.

Comprensión

Escoge la frase correcta para contestar la pregunta.

1. ¿Cómo reacciona Carlota al escribir el nombre de su esposo?
   a. Está entusiasmada.
   b. Está de mal humor.
   c. Está muy descontenta.

2. ¿Le ha escrito Carlota a Víctor antes?
   a. sí
   b. no
   c. no se sabe

3. ¿Cómo se puede definir lo que escribe Carlota acerca del país?
   a. Lo que escribe es negativo. Critica la situación en el país.
   b. Lo que escribe es positivo. Afirma que la situación ha cambiado.
   c. Lo que escribe es neutral. Sus comentarios no son buenos ni malos.

4. ¿Qué cree Víctor que le ocurrió a Raúl y a los otros de la célula de Víctor?
   a. Raúl ametralló a sus compañeros.
   b. Se emborracharon primero y luego se suicidaron.
   c. La policía los mató.

5. Según lo que escribe Carlota, el coronel le ofrece todas las siguientes cosas menos una. ¿Cuál es?
   a. conseguirle trabajo en el taller a Víctor
   b. conseguirle un apartamento a Carlota
   c. comprarle un televisor a los niños de Carlota y Víctor

6. Según el coronel, ¿por qué sabe Víctor que el coronel es buena gente?
   a. La última vez que capturaron a Víctor, lo trató bien.
   b. Eran amigos en la escuela.
   c. El coronel lleva a los hijos de Víctor al parque.

7. Según lo que escribe Carlota, sabemos todas las siguientes cosas sobre los agentes, menos una. ¿Cuál es?
   a. Los agentes maltrataron físicamente a Víctor.
   b. El coronel arrestó a los agentes.
   c. Los agentes perdieron su trabajo.

8. ¿Qué está haciendo Víctor en el país en el que está?
   a. Ha conseguido en un taller un trabajo como el que tenía en su país.
   b. Habla con los periodistas sobre la situación política en su país.
   c. No se mete más en los asuntos políticos de su país.

9. Carlota escribe todas las siguientes cosas, menos una. ¿Cuál es?
   a. Arturo no quiere terminar la escuela, sino que quiere empezar a trabajar.
   b. Arturo tiene un problema pulmonar; tose sangre.
   c. Matildita le causa problemas a Carlota porque quiere casarse con un agente de policía.

10. ¿Qué clase de problemas describe Carlota entre las líneas 38 y 41?
    a. económicos
    b. profesionales
    c. políticos

11. ¿Está Víctor en contacto con Carlota?
    a. sí
    b. no
    c. No se sabe.

12. ¿Cuántas veces en la carta pide Carlota a Víctor que vuelva?
    a. una vez
    b. dos veces
    c. tres veces
    d. cuatro veces

13. ¿Cuál es el sujeto gramatical del verbo «quitaron» en la línea 48?
    a. los hijos Arturo y Matildita
    b. los agentes del coronel
    c. el padre de Carlota

Ideas para considerar

Lee las siguientes preguntas sobre el cuento. Busca información en el cuento para contestarlas. Escribe por lo menos dos párrafos para cada pregunta.

1. Para apreciar el cuento «Una carta de familia» es necesario leer entre líneas. Es decir, es necesario inferir. Piensa en las respuestas a las siguientes preguntas.

   • En la línea 16 Carlota escribe que vio al coronel. ¿Dónde se encontraron?
   • ¿Cuál será la opinión de Víctor acerca del coronel?
   • En la línea 25, Carlota tacha alguna información. ¿Cuál es la información que Carlota tachó? ¿Qué quiere indicarle a Víctor con el tachón?

2. Haz una lista de todo lo que escribe Carlota acerca del gobierno y el coronel. ¿Cuáles son las cosas que Carlota cree? ¿Cuáles son falsas?

3. Explica el significado de los dos dibujos que acompañan al cuento. ¿A qué parte del cuento se refiere cada uno?

Aplicación

Actividad A ✤ Por tu propia voluntad

En «Una carta de familia» Carlota no escribe la carta por su propia voluntad. Tiene que escribirla y tiene que incluir cierta información. Piensa en tu propia vida. ¿Qué cosa has hecho que no haya sido por tu propia voluntad? Comenta por escrito las consecuencias de haber hecho lo que no querías hacer.

Actividad B ✤ En realidad

En «Una carta de familia» Carlota le dice a Víctor que «ya ni censura hay». Se sabe que esto no es verdad. Escríbele a Víctor la carta que Carlota no le puede escribir. ¿Qué le recomiendas a Víctor que haga?

Actividad C ✛ Una carta de Víctor

En «Una carta de familia» Carlota le dice a Víctor que como ya no hay censura, él puede contestarle. Escríbele una carta a Carlota desde la perspectiva de Víctor. Ten cuidado con lo que escribas para no poner en peligro las vidas de Carlota, Matildita y Arturo cuando tu carta pase por la censura.

In the CD-ROM you can complete additional activities related to "Balada de los dos abuelos"

«Balada de los dos abuelos»

• •

Acerca del autor y la lectura

• •

«Balada de los dos abuelos», por Nicolás Guillén (1902–1989)

El gran poeta cubano, Nicolás Guillén, como muchos intelectuales cubanos del siglo XX, se vio obligado a vivir en el exilio por mucho tiempo. Residió en México, España y varios países de Sudamérica, estableciéndose finalmente en París. Después de la Revolución cubana, Guillén pudo volver a su país. Sus poemas dan expresión a las dos raíces de la cultura cubana: la española y la africana. Por este doble parentesco, Guillén le dio a su poesía el nombre de «mulata». Su poesía tiene un fuerte matiz musical, sugiriendo los ritmos y la vitalidad de la música africanocubana. También muestra el profundo compromiso social de Guillén. El poema «Balada de los dos abuelos» no es excepción. En él, Guillén se refiere a sus dos abuelos, el negro y el blanco, con afecto y respeto.

Consejo práctico

You will come across a great many words in the poem "Balada de los dos abuelos" that you already know. You will also come across unfamiliar words. The following vocabulary list and exercises are meant to help you through the reading. Don't worry about incorporating this vocabulary into your daily speech.

Vocabulario útil

Verbos

alzar	to rise
arder	to burn
despedazar	to cut in pieces
escoltar	to accompany

Sustantivos

los abalorios	glass beads
el aguaprieta	dark water

el ansia	anxiety
el caimán	small crocodile
el fulgor	shine
el gongo	gong
la gorguera	ruffle
el látigo	whip
la vela	sail

Adjetivo

repujado/a	embossed

59

Actividades de vocabulario

Actividad A ✤ Sinónimos

Empareja cada palabra de la columna A con la frase o palabra sinónima de la columna B.

A	B
1. _____ despedazar	a. instrumento de percusión
2. _____ alzar	b. azote de cuero que se usa para castigar
3. _____ gongo	c. romper o cortar en pedazos
4. _____ fulgor	d. agua sucia y oscura
5. _____ látigo	e. levantar
6. _____ aguaprieta	f. resplandor y brillo

Actividad B ✤ Oraciones

Escribe de tres a cinco oraciones usando todas las siguientes palabras del vocabulario.

- el ansia
- arder
- despedazar
- el fulgor
- la vela

Anticipación

Actividad A ✤ La influencia de los abuelos

Haz una lista de los varios papeles que desempeñan los abuelos en la familia contemporánea. Luego haz una lista de los papeles que desempeñaban los abuelos en la familia antes de 1940. Comenta por escrito los cambios que notas en los papeles que desempeñaban antes los abuelos en la familia y los que desempeñan ahora.

Actividad B ✤ La mezcla de razas

Nicolás Guillén nació en Cuba en 1902. Uno de sus abuelos era de ascendencia africana y el otro de ascendencia española. Haz una lista de los posibles temas en «Balada de los dos abuelos». Guarda la lista para verificar más adelante cuáles de esos temas realmente aparecen en el poema.

Primera exploración

Actividad A ✤ Sombras

Paso 1 Lee los dos primeros versos del poema y contesta estas preguntas.

- ¿Por qué les llama «sombras» a los dos abuelos el poeta?
- ¿Por qué sólo las ve él?

Paso 2 El poeta dice que los abuelos lo «escoltan». Repasa entre todos las listas que escribiste sobre los papeles que desempeñaban los abuelos en la familia de antes e indica cuáles esperas encontrar en el poema.

Actividad B ✤ La descripción de los abuelos

Paso 1 Lee los versos del 3 al 8, en los que el poeta describe a los dos abuelos. Basándote solamente en estos versos, escribe una lista de adjetivos que describan a los dos abuelos.

el abuelo africanocubano	el abuelo europeocubano

Paso 2 Ahora lee del verso 9 al 24, en que se contrastan las experiencias de los dos abuelos. Contesta las siguientes preguntas.

- ¿Por qué dice el abuelo negro que se muere?
- ¿Por qué dice el abuelo blanco que se cansa?

Paso 3 Lee los versos del 25 al 28. ¿Qué simbolizan el sol y la luna?

Hablando de la literatura

"Balada de los dos abuelos" is a poem of great musicality, both in rhyme and rhythm. The rhymes are assonant, that is, only vowel sounds are repeated in the rhyming words and the consonant sounds are ignored. **Veo** and **abuelos,** which end the first two lines, have an assonant rhyme. The rhymes in the second stanza are **hueso/negro, madera/ guerrera, ancho/blanco.** Unlike the conventional rhyme schemes that occur in much Spanish poetry, Guillén's rhymes follow no fixed pattern. They are more like the rich, interweaving sounds of Afrocuban music. Similarly, the rhythm of the poem, which features a mixture of three-beat and two-beat lines, captures the complex syncopations of Afrocuban music. "Balada de los dos abuelos" is a poem that needs to be not only read, but heard.

Actividad C ✦ La intensidad

Entre los versos 29 y 40 del poema, el poeta habla de la esclavitud. Los esclavos fueron traídos de África y forzados a trabajar en los ingenios de azúcar, el cultivo de la caña y la fabricación del azúcar. Lee estos versos y escribe tres adjetivos o frases que describan tu reacción al leerlos.

Actividad D ✦ «Yo los junto»

Paso 1   Lee desde el verso 41 hasta el final del poema.

Paso 2   Hay por lo menos dos interpretaciones posibles del verso 47, «Yo los junto». ¿Cuáles son?

Paso 3   El verso «Los dos del mismo tamaño» se repite tres veces. Comenta por escrito si se refiere a un tamaño físico o metafórico. Explica tu opinión.

Paso 4   ¿Cómo se puede interpretar el final del poema (del verso 56 al 60)? ¿Termina con una nota positiva o triste?

In the CD-ROM you will find an oral reading of this work. You may want to read and listen at the same time to help your comprehension.

LECTURA

Balada de los dos abuelos

por Nicolás Guillén

Sombras que sólo yo veo,
me escoltan mis dos abuelos.

Lanza con punta de hueso,
tambor de cuero y madera:
mi abuelo negro.   5
Gorguera en el cuello ancho,
gris armadura guerrera:
mi abuelo blanco.
África de selvas húmedas
y de gordos gongos sordos...   10
—¡Me muero!
(Dice mi abuelo negro.)
Aguaprieta de caimanes,
verdes mañanas de cocos...
—¡Me canso!   15

(Dice mi abuelo blanco.)
Oh velas de amargo viento,
galeón ardiendo en oro…
—¡Me muero!
20 (Dice mi abuelo negro.)
¡Oh costas de cuello virgen
engañadas de abalorios…
—¡Me canso!
(Dice mi abuelo blanco.)
25 ¡Oh puro sol repujado,
preso en el aro del trópico;
oh luna redonda y limpia
sobre el sueño de los monos!

¡Qué de barcos, qué de barcos!
30 ¡Qué de negros, qué de negros!

¡Qué largo fulgor de cañas!
¡Qué látigo el del negrero!
Piedra de llanto y de sangre,
venas y ojos entreabiertos,
35 y madrugadas vacías,
y atardeceres de ingenio,
y una gran voz, fuerte voz
despedazando el silencio.

¡Qué de barcos, qué de barcos!
40 ¡Qué de negros, qué de negros!

Sombras que sólo yo veo,
me escoltan mis dos abuelos.
Don Federico me grita,
y Taita Facundo calla;
45 los dos en la noche sueñan,
y andan, andan.
Yo los junto.
        —¡Federico!
¡Facundo! Los dos se abrazan.
50 Los dos suspiran. Los dos
las fuertes cabezas alzan;
los dos del mismo tamaño,
bajo las estrellas altas;

los dos del mismo tamaño,
ansia negra y ansia blanca;   55
los dos del mismo tamaño,
gritan, sueñan, lloran, cantan.
Sueñan, lloran, cantan.
Lloran, cantan.
¡Cantan!   60

Segunda exploración

Actividad A ✢ Diferentes experiencias

Paso 1   Repasa los versos del 9 al 24 en que los dos abuelos comentan varios aspectos de sus respectivas vidas. El abuelo negro comenta «me muero», mientras que el blanco comenta «me canso». Explica, con tus propias palabras, el significado de lo que comentan.

EL ABUELO NEGRO	EL ABUELO BLANCO
«Me muero»	«Me canso»
1. África de selvas húmedas…	1. Aguaprieta de caimanes…
2. velas de amargo viento…	2. costas de cuello virgen…

Paso 2   Los versos 39 y 40 son repetición de los versos 29 y 30. Explica lo que significan los barcos para cada uno de los dos abuelos.

- ¿Qué representan los barcos para Facundo?
- ¿Qué representan los barcos para Federico?

Actividad B ✢ Inferencias

Paso 1   Leer entre líneas es importante, especialmente cuando se lee poesía. Lee los versos 43 y 44. En éstos el poeta nos presenta un panorama de la vida de sus abuelos. Explica por escrito, con tus propias palabras, las relaciones entre Federico y Facundo.

Paso 2   El poeta termina el poema «juntando» a los dos abuelos. Repasa los versos del 48 al 60. Luego, explica por escrito, con tus propias palabras, por qué crees que el poeta dice que gritan, sueñan, lloran y cantan. ¿Por qué no dirá que viven, trabajan, sonríen y bailan?

Comprensión

Escoge la frase correcta para contestar la pregunta.

1. ¿Cómo se llaman los dos abuelos?
    a. Rómulo y Remo
    b. Nicolás y Alejandro
    c. Facundo y Federico

2. ¿Viven todavía los dos abuelos?
    a. Uno de ellos vive; el otro ya murió.
    b. Los dos han muerto.
    c. Los dos viven.

3. Todas las siguientes cosas se asocian con el abuelo blanco, menos una. ¿Cuál es?
   a. gorguera en el cuello
   b. armadura guerrera
   c. gordos gongos sordos

4. Todas las siguientes cosas se asocian con el abuelo negro menos una. ¿Cuál es?
   a. lanza con punta de hueso
   b. tambor de cuero y madera
   c. España

5. El abuelo blanco repite «Me canso» varias veces. Se cansa de todo lo siguente, menos de una cosa. ¿Cuál es?
   a. los caimanes y los cocos
   b. las costas engañadas de abalorios
   c. los galeones (barcos de vela)

6. El abuelo negro repite «Me muero» varias veces. Se muere por todo lo siguiente, menos por una cosa. ¿Cuál es?
   a. los látigos del negrero
   b. las velas de los galeones
   c. las selvas húmedas de Africa

7. Lee desde el verso 21 hasta el verso 24. ¿Cuál es la mejor interpretación del adjetivo «engañadas»?
   a. Los conquistadores siempre andaban en busca de oro y otras riquezas. No encontraron esto en las costas de Cuba, sino que vieron los abalorios que, desde lejos, les daban la impresión de oro.
   b. Los españoles engañaban a las vírgenes que encontraban en las costas. Les regalaban collares de abalorios.
   c. Siendo un hombre mayor, el abuelo blanco no veía muy claramente y por eso estaba engañado.

8. Lee desde el verso 16 hasta el verso 20. ¿Cuál es la mejor interpretación del adjetivo «amargo»?
   a. Las condiciones sanitarias en los galeones eran muy malas. «Amargo viento» se refiere a los malos olores que empeoraban cada día durante el viaje de África a América.
   b. Después de capturar a los negros, los transportaban en galeones a América, donde eran vendidos como esclavos. «Amargo viento» se refiere a la experiencia de perder la libertad.
   c. A veces habrían tenido que quemar los galeones para evitar la peste. «Amargo viento» se refiere a la muerte y a los muertos asociados con este hecho.

9. ¿A quiénes se refieren las experiencias que se describen entre los versos 29 y 40?
   a. a las de los blancos
   b. a las de los negros
   c. a las de todos los que viven en Cuba.

10. ¿Cómo responde el abuelo negro cuando el abuelo blanco le grita al nieto?

   a. El abuelo negro escolta al nieto entre las cañas.

   b. Se enfrenta con el otro abuelo.

   c. Por las diferencias de poder entre los dos, el abuelo negro no responde.

11. Lee el verso 46. ¿Qué palabra se puede usar para describir cómo andan los abuelos?

   a. juntos

   b. separados

   c. enérgicamente

12. ¿Quién grita los nombres de los dos abuelos en los versos 48 y 49?

   a. Nadie en particular grita porque todo ocurre en un sueño.

   b. El nieto grita los nombres.

   c. Los dos abuelos se gritan el uno al otro.

13. ¿Qué significa que los dos abuelos son «del mismo tamaño» (el verso se repite tres veces)?

   a. Los dos abuelos son altos y fuertes; físicamente miden lo mismo.

   b. Los abuelos no crecieron; se quedaron del mismo tamaño.

   c. En los sueños del nieto, los dos abuelos son iguales: ninguno es superior ni inferior al otro en nada.

14. ¿Cuál es el sujeto gramatical de los verbos entre los versos 57 y 60?

   a. los dos abuelos

   b. los dos abuelos y el nieto

   c. todos los cubanos: blancos y negros

Ideas para considerar

Lee las siguientes preguntas sobre el poema. Busca información en el poema para contestarlas. Escribe por lo menos dos párrafos para cada pregunta.

1. Uno de los temas del poema es el de los contrastes. Haz una lista de todos los contrastes que encuentres en el poema.

2. Describe las relaciones familiares que encuentres en el poema. Ten en cuenta que el poeta nació en 1902.

3. Busca en el poema todas las referencias a la esclavitud. Nota que el poeta nunca usa las palabras «esclavo» o «esclavitud». ¿Cómo sabemos que la esclavitud es uno de los temas del poema?

4. Explica el significado de los dos dibujos que acompañan al poema. ¿A qué parte del poema se refiere cada uno?

Aplicación

Actividad A ✤ «Yo los junto»

Dibuja rápidamente el árbol geneológico de tu familia. Incluye por lo menos a tus abuelos. ¿Cuáles de tus antepasados «juntas» tú?

Paso optativo   Entrevista a un compañero (una compañera) para determinar de quiénes han heredado las siguientes características. Luego permite que tu compañero/a te entreviste a ti. (Si no conocen a sus antepasados, traten de imaginar cómo eran.)

- las creencias
- la estatura
- la inteligencia
- las pasiones
- la personalidad
- los rasgos de la cara
- el sentido del humor
- ¿ ?

Ahora escribe una breve composición para comparar y contrastar a tu compañero/a contigo. ¿Han «juntado» a sus abuelos así como lo hace Guillén? Lee tu composición ante la clase.

Actividad B ✤ Escribir un poema

En los dos primeros versos de «Balada de los dos abuelos», el poeta establece la relación entre él y sus abuelos. Vuelve a leer estos versos. Luego, escoge a dos miembros de tu familia de quienes hayas heredado ciertas características y escribe una oración que capte las relaciones entre tú y ellos. Usa los versos de Guillén como guía.

   Vuelve a leer los versos del 3 al 8 del poema. Luego, escribe una descripción de los dos miembros de tu familia, siempre usando los versos de Guillén como guía.

   Vuelve a leer los versos del 43 al 60 del poema. Luego, escribe cinco o más oraciones que describan cómo estos dos parientes tuyos influyen en tu persona.

Paso optativo   Pueden hacer un concurso de poesía en la clase para escoger a los mejores poetas entre Uds.

Actividad C ✤ Los contrastes

Completa las siguientes oraciones.

Modelo   Soy inteligente pero al mismo tiempo un poco olvidadizo/a. Soy...

1. _____ pero al mismo tiempo _____
2. _____ pero al mismo tiempo _____
3. _____ pero al mismo tiempo _____

Explica ahora tus oraciones con ejemplos concretos.

Modelo   Soy inteligente pero al mismo tiempo un poco olvidadizo/a. Por ejemplo, estudio cálculo y me interesa mucho, pero tengo problemas con el concepto de la cuenta corriente.

¿Creen que todos no somos nada más que un conjunto de contrastes?

Appendix 1

VERBS

A. Regular Verbs: Simple Tenses

INFINITIVE PRESENT PARTICIPLE PAST PARTICIPLE	INDICATIVE					SUBJUNCTIVE		IMPERATIVE
	PRESENT	IMPERFECT	PRETERITE	FUTURE	CONDITIONAL	PRESENT	IMPERFECT	
hablar	hablo	hablaba	hablé	hablaré	hablaría	hable	hablara	
hablando	hablas	hablabas	hablaste	hablarás	hablarías	hables	hablaras	habla tú,
hablado	habla	hablaba	habló	hablará	hablaría	hable	hablara	no hables
	hablamos	hablábamos	hablamos	hablaremos	hablaríamos	hablemos	habláramos	hable Ud.
	habláis	hablabais	hablasteis	hablaréis	hablaríais	habléis	hablarais	hablemos
	hablan	hablaban	hablaron	hablarán	hablarían	hablen	hablaran	hablen
comer	como	comía	comí	comeré	comería	coma	comiera	
comiendo	comes	comías	comiste	comerás	comerías	comas	comieras	come tú,
comido	come	comía	comió	comerá	comería	coma	comiera	no comas
	comemos	comíamos	comimos	comeremos	comeríamos	comamos	comiéramos	coma Ud.
	coméis	comíais	comisteis	comeréis	comeríais	comáis	comierais	comamos
	comen	comían	comieron	comerán	comerían	coman	comieran	coman
vivir	vivo	vivía	viví	viviré	viviría	viva	viviera	
viviendo	vives	vivías	viviste	vivirás	vivirías	vivas	vivieras	vive tú,
vivido	vive	vivía	vivió	vivirá	viviría	viva	viviera	no vivas
	vivimos	vivíamos	vivimos	viviremos	viviríamos	vivamos	viviéramos	viva Ud.
	vivís	vivíais	vivisteis	viviréis	viviríais	viváis	vivierais	vivamos
	viven	vivían	vivieron	vivirán	vivirían	vivan	vivieran	vivan

B. Regular Verbs: Perfect Tenses

INDICATIVE						SUBJUNCTIVE		
PRESENT PERFECT	PAST PERFECT	PRETERITE PERFECT	FUTURE PERFECT	COMDITIONAL PERFECT		PRESENT PERFECT	PAST PERFECT	
he	había	hube	habré	habría		haya	hubiera	
has	habías	hubiste	habrás	habrías		hayas	hubieras	
ha hablado	había hablado	hubo hablado	habrá hablado	habría hablado		haya hablado	hubiera hablado	
hemos comido	habíamos comido	hubimos comido	habremos comido	habríamos comido		hayamos comido	hubiéramos comido	
habéis vivido	habíais vivido	hubisteis vivido	habréis vivido	habríais vivido		hayáis vivido	hubierais vivido	
han	habían	hubieron	habrán	habrían		hayan	hubieran	

C. Irregular Verbs

INFINITIVE / PRESENT PARTICIPLE / PAST PARTICIPLE	INDICATIVE PRESENT	IMPERFECT	PRETERITE	FUTURE	CONDITIONAL	SUBJUNCTIVE PRESENT	IMPERFECT	IMPERATIVE
andar / andando / andado	ando	andaba	anduve	andaré	andaría	ande	anduviera	
	andas	andabas	anduviste	andarás	andarías	andes	anduvieras	anda tú,
	anda	andaba	anduvo	andará	andaría	ande	anduviera	no andes
	andamos	andábamos	anduvimos	andaremos	andaríamos	andemos	anduviéramos	ande Ud.
	andáis	andabais	anduvisteis	andaréis	andaríais	andéis	anduvierais	andemos
	andan	andaban	anduvieron	andarán	andarían	anden	anduvieran	anden
caer / cayendo / caído	caigo	caía	caí	caeré	caería	caiga	cayera	
	caes	caías	caíste	caerás	caerías	caigas	cayeras	cae tú,
	cae	caía	cayó	caerá	caería	caiga	cayera	no caigas
	caemos	caíamos	caímos	caeremos	caeríamos	caigamos	cayéramos	caiga Ud.
	caéis	caíais	caísteis	caeréis	caeríais	caigáis	cayerais	caigamos
	caen	caían	cayeron	caerán	caerían	caigan	cayeran	caigan
dar / dando / dado	doy	daba	di	daré	daría	dé	diera	
	das	dabas	diste	darás	darías	des	dieras	da tú,
	da	daba	dio	dará	daría	dé	diera	no des
	damos	dábamos	dimos	daremos	daríamos	demos	diéramos	dé Ud.
	dais	dabais	disteis	daréis	daríais	deis	dierais	demos
	dan	daban	dieron	darán	darían	den	dieran	den
decir / diciendo / dicho	digo	decía	dije	diré	diría	diga	dijera	
	dices	decías	dijiste	dirás	dirías	digas	dijeras	di tú,
	dice	decía	dijo	dirá	diría	diga	dijera	no digas
	decimos	decíamos	dijimos	diremos	diríamos	digamos	dijéramos	diga Ud.
	decís	decíais	dijisteis	diréis	diríais	digáis	dijerais	digamos
	dicen	decían	dijeron	dirán	dirían	digan	dijeran	digan
estar / estando / estado	estoy	estaba	estuve	estaré	estaría	esté	estuviera	
	estás	estabas	estuviste	estarás	estarías	estés	estuvieras	está tú,
	está	estaba	estuvo	estará	estaría	esté	estuviera	no estés
	estamos	estábamos	estuvimos	estaremos	estaríamos	estemos	estuviéramos	esté Ud.
	estáis	estabais	estuvisteis	estaréis	estaríais	estéis	estuvierais	estemos
	están	estaban	estuvieron	estarán	estarían	estén	estuvieran	estén
haber / habiendo / habido	he	había	hube	habré	habría	haya	hubiera	
	has	habías	hubiste	habrás	habrías	hayas	hubieras	
	ha	había	hubo	habrá	habría	haya	hubiera	
	hemos	habíamos	hubimos	habremos	habríamos	hayamos	hubiéramos	
	habéis	habíais	hubisteis	habréis	habríais	hayáis	hubierais	
	han	habían	hubieron	habrán	habrían	hayan	hubieran	
hacer / haciendo / hecho	hago	hacía	hice	haré	haría	haga	hiciera	
	haces	hacías	hiciste	harás	harías	hagas	hicieras	haz tú,
	hace	hacía	hizo	hará	haría	haga	hiciera	no hagas
	hacemos	hacíamos	hicimos	haremos	haríamos	hagamos	hiciéramos	haga Ud.
	hacéis	hacíais	hicisteis	haréis	haríais	hagáis	hicierais	hagamos
	hacen	hacían	hicieron	harán	harían	hagan	hicieran	hagan
ir / yendo / ido	voy	iba	fui	iré	iría	vaya	fuera	
	vas	ibas	fuiste	irás	irías	vayas	fueras	ve tú,
	va	iba	fue	irá	iría	vaya	fuera	no vayas
	vamos	íbamos	fuimos	iremos	iríamos	vayamos	fuéramos	vaya Ud.
	vais	ibais	fuisteis	iréis	iríais	vayáis	fuerais	vayamos
	van	iban	fueron	irán	irían	vayan	fueran	vayan

C. Irregular Verbs (continued)

INFINITIVE PRESENT PARTICIPLE PAST PARTICIPLE	INDICATIVE					SUBJUNCTIVE		IMPERATIVE
	PRESENT	IMPERFECT	PRETERITE	FUTURE	CONDITIONAL	PRESENT	IMPERFECT	
oír oyendo oído	oigo oyes oye oímos oís oyen	oía oías oía oíamos oíais oían	oí oíste oyó oímos oísteis oyeron	oiré oirás oirá oiremos oiréis oirán	oiría oirías oiría oiríamos oiríais oirían	oiga oigas oiga oigamos oigáis oigan	oyera oyeras oyera oyéramos oyerais oyeran	oye tú, no oigas oiga Ud. oigamos oigan
poder pudiendo podido	puedo puedes puede podemos podéis pueden	podía podías podía podíamos podíais podían	pude pudiste pudo pudimos pudisteis pudieron	podré podrás podrá podremos podréis podrán	podría podrías podría podríamos podríais podrían	pueda puedas pueda podamos podáis puedan	pudiera pudieras pudiera pudiéramos pudierais pudieran	
poner poniendo puesto	pongo pones pone ponemos ponéis ponen	ponía ponías ponía poníamos poníais ponían	puse pusiste puso pusimos pusisteis pusieron	pondré pondrás pondrá pondremos pondréis pondrán	pondría pondrías pondría pondríamos pondríais pondrían	ponga pongas ponga pongamos pongáis pongan	pusiera pusieras pusiera pusiéramos pusierais pusieran	pon tú, no pongas ponga Ud. pongamos pongan
querer queriendo querido	quiero quieres quiere queremos queréis quieren	quería querías quería queríamos queríais querían	quise quisiste quiso quisimos quisisteis quisieron	querré querrás querrá querremos querréis querrán	querría querrías querría querríamos querríais querrían	quiera quieras quiera queramos queráis quieran	quisiera quisieras quisiera quisiéramos quisierais quisieran	quiere tú, no quieras quiera Ud. queramos quieran
saber sabiendo sabido	sé sabes sabe sabemos sabéis saben	sabía sabías sabía sabíamos sabíais sabían	supe supiste supo supimos supisteis supieron	sabré sabrás sabrá sabremos sabréis sabrán	sabría sabrías sabría sabríamos sabríais sabrían	sepa sepas sepa sepamos sepáis sepan	supiera supieras supiera supiéramos supierais supieran	sabe tú, no sepas sepa Ud. sepamos sepan
salir saliendo salido	salgo sales sale salimos salís salen	salía salías salía salíamos salíais salían	salí saliste salió salimos salisteis salieron	saldré saldrás saldrá saldremos saldréis saldrán	saldría saldrías saldría saldríamos saldríais saldrían	salga salgas salga salgamos salgáis salgan	saliera salieras saliera saliéramos salierais salieran	sal tú, no salgas salga Ud. salgamos salgan
ser siendo sido	soy eres es somos sois son	era eras era éramos erais eran	fui fuiste fue fuimos fuisteis fueron	seré serás será seremos seréis serán	sería serías sería seríamos seríais serían	sea seas sea seamos seáis sean	fuera fueras fuera fuéramos fuerais fueran	sé tú, no seas sea Ud. seamos sean
tener teniendo tenido	tengo tienes tiene tenemos tenéis tienen	tenía tenías tenía teníamos teníais tenían	tuve tuviste tuvo tuvimos tuvisteis tuvieron	tendré tendrás tendrá tendremos tendréis tendrán	tendría tendrías tendría tendríamos tendríais tendrían	tenga tengas tenga tengamos tengáis tengan	tuviera tuvieras tuviera tuviéramos tuvierais tuvieran	ten tú, no tengas tenga Ud. tengamos tengan

C. Irregular Verbs (continued)

traer / trayendo / traído

	INDICATIVE					SUBJUNCTIVE		IMPERATIVE
	PRESENT	IMPERFECT	PRETERITE	FUTURE	CONDITIONAL	PRESENT	IMPERFECT	
	traigo	traía	traje	traeré	traería	traiga	trajera	
	traes	traías	trajiste	traerás	traerías	traigas	trajeras	trae tú, no traigas
	trae	traía	trajo	traerá	traería	traiga	trajera	traiga Ud.
	traemos	traíamos	trajimos	traeremos	traeríamos	traigamos	trajéramos	traigamos
	traéis	traíais	trajisteis	traeréis	traeríais	traigáis	trajerais	traigan
	traen	traían	trajeron	traerán	traerían	traigan	trajeran	

venir / viniendo / venido

	INDICATIVE					SUBJUNCTIVE		IMPERATIVE
	PRESENT	IMPERFECT	PRETERITE	FUTURE	CONDITIONAL	PRESENT	IMPERFECT	
	vengo	venía	vine	vendré	vendría	venga	viniera	
	vienes	venías	viniste	vendrás	vendrías	vengas	vinieras	ven tú, no vengas
	viene	venía	vino	vendrá	vendría	venga	viniera	venga Ud.
	venimos	veníamos	vinimos	vendremos	vendríamos	vengamos	viniéramos	vengamos
	venís	veníais	vinisteis	vendréis	vendríais	vengáis	vinierais	vengan
	vienen	venían	vinieron	vendrán	vendrían	vengan	vinieran	

ver / viendo / visto

	INDICATIVE					SUBJUNCTIVE		IMPERATIVE
	PRESENT	IMPERFECT	PRETERITE	FUTURE	CONDITIONAL	PRESENT	IMPERFECT	
	veo	veía	vi	veré	vería	vea	viera	
	ves	veías	viste	verás	verías	veas	vieras	ve tú, no veas
	ve	veía	vio	verá	vería	vea	viera	vea Ud.
	vemos	veíamos	vimos	veremos	veríamos	veamos	viéramos	veamos
	veis	veíais	visteis	veréis	veríais	veáis	vierais	vean
	ven	veían	vieron	verán	verían	vean	vieran	

D. Stem-Changing and Spelling Change Verbs

pensar (ie) / pensando / pensado

	INDICATIVE					SUBJUNCTIVE		IMPERATIVE
	PRESENT	IMPERFECT	PRETERITE	FUTURE	CONDITIONAL	PRESENT	IMPERFECT	
	pienso	pensaba	pensé	pensaré	pensaría	piense	pensara	
	piensas	pensabas	pensaste	pensarás	pensarías	pienses	pensaras	piensa tú, no pienses
	piensa	pensaba	pensó	pensará	pensaría	piense	pensara	piense Ud.
	pensamos	pensábamos	pensamos	pensaremos	pensaríamos	pensemos	pensáramos	pensemos
	pensáis	pensabais	pensasteis	pensaréis	pensaríais	penséis	pensarais	piensen
	piensan	pensaban	pensaron	pensarán	pensarían	piensen	pensaran	

volver (ue) / volviendo / vuelto

	INDICATIVE					SUBJUNCTIVE		IMPERATIVE
	PRESENT	IMPERFECT	PRETERITE	FUTURE	CONDITIONAL	PRESENT	IMPERFECT	
	vuelvo	volvía	volví	volveré	volvería	vuelva	volviera	
	vuelves	volvías	volviste	volverás	volverías	vuelvas	volvieras	vuelve tú, no vuelvas
	vuelve	volvía	volvió	volverá	volvería	vuelva	volviera	vuelva Ud.
	volvemos	volvíamos	volvimos	volveremos	volveríamos	volvamos	volviéramos	volvamos
	volvéis	volvíais	volvisteis	volveréis	volveríais	volváis	volvierais	vuelvan
	vuelven	volvían	volvieron	volverán	volverían	vuelvan	volvieran	

dormir (ue, u) / durmiendo / dormido

	INDICATIVE					SUBJUNCTIVE		IMPERATIVE
	PRESENT	IMPERFECT	PRETERITE	FUTURE	CONDITIONAL	PRESENT	IMPERFECT	
	duermo	dormía	dormí	dormiré	dormiría	duerma	durmiera	
	duermes	dormías	dormiste	dormirás	dormirías	duermas	durmieras	duerme tú, no duermas
	duerme	dormía	durmió	dormirá	dormiría	duerma	durmiera	duerma Ud.
	dormimos	dormíamos	dormimos	dormiremos	dormiríamos	durmamos	durmiéramos	durmamos
	dormís	dormíais	dormisteis	dormiréis	dormiríais	durmáis	durmierais	duerman
	duermen	dormían	durmieron	dormirán	dormirían	duerman	durmieran	

D. Stem-Changing and Spelling Change Verbs (continued)

INFINITIVE PRESENT PARTICIPLE PAST PARTICIPLE	INDICATIVE					SUBJUNCTIVE		IMPERATIVE
	PRESENT	IMPERFECT	PRETERITE	FUTURE	CONDITIONAL	PRESENT	IMPERFECT	
construir (y) construyendo construido	construyo construyes construye construimos construís construyen	construía construías construía construíamos construíais construían	construí construiste construyó construimos construisteis construyeron	construiré construirás construirá construiremos construiréis construirán	construiría construirías construiría construiríamos construiríais construirían	construya construyas construya construyamos construyáis construyan	construyera construyeras construyera construyéramos construyerais construyeran	construye tú, no construyas construya Ud. construyamos construyan
reír (i, i) riendo reído	río ríes ríe reímos reís ríen	reía reías reía reíamos reíais reían	reí reíste rio reímos reísteis rieron	reiré reirás reirá reiremos reiréis reirán	reiría reirías reiría reiríamos reiríais reirían	ría rías ría riamos riáis rían	riera rieras riera riéramos rierais rieran	ríe tú, no rías ría Ud. riamos rían
seguir (i, i) (ga) siguiendo seguido	sigo sigues sigue seguimos seguís siguen	seguía seguías seguía seguíamos seguíais seguían	seguí seguiste siguió seguimos seguisteis siguieron	seguiré seguirás seguirá seguiremos seguiréis seguirán	seguiría seguirías seguiría seguiríamos seguiríais seguirían	siga sigas siga sigamos sigáis sigan	siguiera siguieras siguiera siguiéramos siguierais siguieran	sigue tú, no sigas siga Ud. sigamos sigan
sentir (ie, i) sintiendo sentido	siento sientes siente sentimos sentís sienten	sentía sentías sentía sentíamos sentíais sentían	sentí sentiste sintió sentimos sentisteis sintieron	sentiré sentirás sentirá sentiremos sentiréis sentirán	sentiría sentirías sentiría sentiríamos sentiríais sentirían	sienta sientas sienta sintamos sintáis sientan	sintiera sintieras sintiera sintiéramos sintierais sintieran	siente tú, no sientas sienta Ud. sintamos sientan
pedir (i, i) pidiendo pedido	pido pides pide pedimos pedís piden	pedía pedías pedía pedíamos pedíais pedían	pedí pediste pidió pedimos pedisteis pidieron	pediré pedirás pedirá pediremos pediréis pedirán	pediría pedirías pediría pediríamos pediríais pedirían	pida pidas pida pidamos pidáis pidan	pidiera pidieras pidiera pidiéramos pidierais pidieran	pide tú, no pidas pida Ud. pidamos pidan
producir (zc) produciendo producido	produzco produces produce producimos producís producen	producía producías producía producíamos producíais producían	produje produjiste produjo produjimos produjisteis produjeron	produciré producirás producirá produciremos produciréis producirán	produciría producirías produciría produciríamos produciríais producirían	produzca produzcas produzca produzcamos produzcáis produzcan	produjera produjeras produjera produjéramos produjerais produjeran	produce tú, no produzcas produzca Ud. produzcamos produzcan

Appendix 2

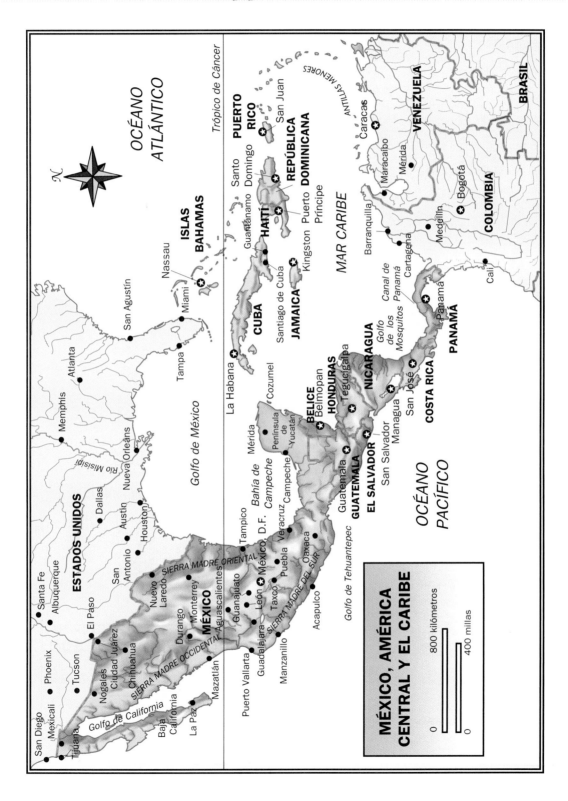

MÉXICO, AMÉRICA CENTRAL Y EL CARIBE

OCÉANO ATLÁNTICO

Trópico de Cáncer

OCÉANO PACÍFICO

ESTADOS UNIDOS

MÉXICO

ISLAS BAHAMAS

CUBA

HAITÍ

REPÚBLICA DOMINICANA

PUERTO RICO

JAMAICA

BELICE

GUATEMALA

EL SALVADOR

HONDURAS

NICARAGUA

COSTA RICA

PANAMÁ

COLOMBIA

VENEZUELA

BRASIL

MAR CARIBE

ANTILLAS MENORES

Golfo de México

Golfo de California

Bahía de Campeche

Península de Yucatán

Golfo de Tehuantepec

Golfo de los Mosquitos

Canal de Panamá

SIERRA MADRE ORIENTAL

SIERRA MADRE OCCIDENTAL

SIERRA MADRE DEL SUR

Río Misisipí

San Diego
Mexicali
Tijuana
La Paz
Baja California
Nogales
Tucson
Phoenix
Santa Fe
Albuquerque
El Paso
Ciudad Juárez
Chihuahua
Mazatlán
Durango
Nuevo Laredo
Monterrey
San Antonio
Austin
Dallas
Houston
Nueva Orleáns
Memphis
Atlanta
Tampa
San Agustín
Miami
Nassau
La Habana
Santiago de Cuba
Cozumel
Mérida
Tampico
Aguascalientes
Guanajuato
León
México, D.F.
Puebla
Veracruz
Campeche
Taxco
Oaxaca
Acapulco
Manzanillo
Guadalajara
Puerto Vallarta
Guatemala
San Salvador
Belmopan
Tegucigalpa
Managua
San José
Panamá
Kingston
Puerto Príncipe
Santo Domingo
San Juan
Guantánamo
Barranquilla
Cartagena
Maracaibo
Mérida
Medellín
Bogotá
Cali
Caracas

800 kilómetros
400 millas

A7

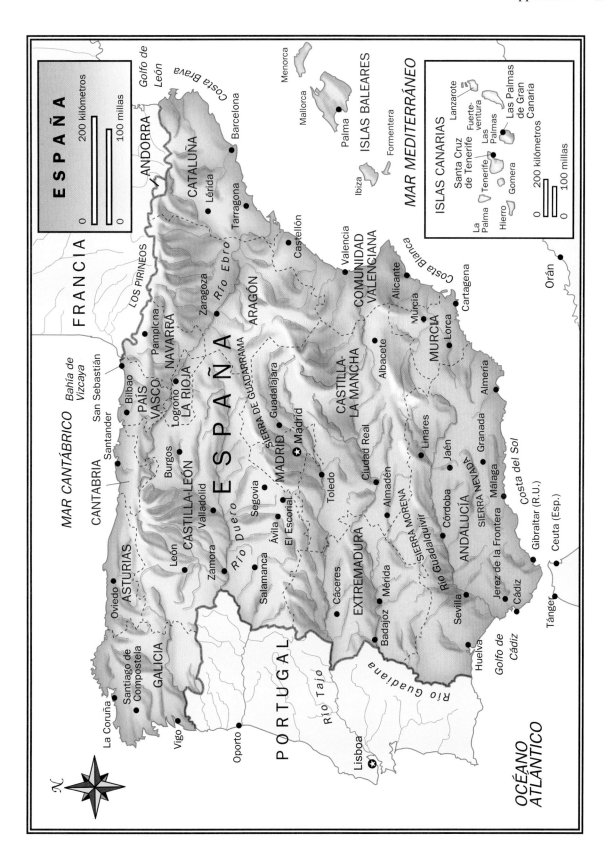

Vocabulario
español–inglés

A

abalorio (*m.*) glass bead
acertar (a) to be able (to)
adelantarse to get ahead
aguaprieta (*m.*) dark water
ahuyentar to chase away
ajuar de novia (*m.*) a bride's trousseau, including household furnishings
aliento (*m.*) breath
alzar to rise
ametrallar to gun down
ansia (*m.*) anxiety
aprendiz (*m., f.*) apprentice
a propósito by the way
apuro (*m.*) rush; hurry
arder to burn
arrepentirse to regret
atento/a attentive, polite
aula (**el aula,** but *f.*) classroom
aullar to howl

B

balsámico/a balsamic
beatitud (*f.*) saintliness
bifurcarse to branch off
bordar to embroider
brindar to toast (with a drink)

C

caimán (*m.*) small crocodile
calvicie (*f.*) baldness
camisón (*m.*) nightshirt
carabina (*f.*) rifle
carencia (*f.*) need, wanting
cátedra (*f.*) lecture
célula (*f.*) underground group of guerrilla fighters
cirio (*m.*) candle
cloaca (*f.*) sewer
cómplice (*m., f.*) accomplice
coser to sew
costear to pay for
crepitar to crackle

D

desatinado/a foolish, irrational
descalzo/a barefoot
desembocar (en) to drain (into)
desgarbado/a awkward
desgarrado/a broken, destroyed
despedazar to cut in pieces
desvelo (*m.*) insomnia
divisar to see, take in

E

encuclillado/a squatting
escoltar to accompany
espliego (*m.*) lavender

F

fogata (*f.*) campfire
fulgor (*m.*) shine
funda (*f.*) pillowcase

G

gamo (*m.*) buck (*deer*)
gongo (*m.*) gong
gorguera (*f.*) ruffle
guerrilla (*f.*) guerrilla activity against the government

H

hacérsele una piedra en la garganta to get a lump in one's throat
huelga (*f.*) strike, work stoppage to protest government action
hurgar to rummage through; to search

I

idóneo/a original

J

juzgado (*m.*) court

L

lapislázuli (*m.*) lapis (*blue stone*)
látigo (*m.*) whip
loor (*m.*) praise
llanura (*f.*) plain

M

marejada (*f.*) movement of ocean waves
mascullar to mumble
menesteroso/a needy
merodeo (*m.*) wandering
monja (*f.*) nun

P

pacer to graze
paraíso (*m.*) paradise
pasto (*m.*) grass
penumbra (*f.*) shadow
persignarse to make the sign of the cross
postergarse to postpone
potestad (*f.*) authority
pradera (*f.*) prairie
prenda (*f.*) article of clothing
propicio/a fitting, appropriate
pulmón (*m.*) lung

R

ramo (*m.*) bouquet of flowers
rebozo (*m.*) shawl
rechinar to creak (upon moving)

M

rencilla (*f.*) disagreement
reposo (*m.*) rest, recuperation
repujado/a embossed
resquicio (*m.*) opportunity
reventar to burst
rozadora (*f.*) lawn mower

S

sábana (*f.*) (bed)sheet
sastrería (*f.*) tailor shop
siervo (la sierva) servant
suplicar to beseech, beg

T

tachón (*m.*) cross-out marks
taller (*m.*) workshop
tibieza (*f.*) warmth
toser to cough
trampa de castor (*f.*) beaver trap

U

urdir to scheme, dream up

V

vela (*f.*) sail
verborragia (*f.*) verbiage; verbosity
vitrina (*f.*) glass showcase

Literary Readings: *Pages 5–7* "La novia ausente" by Marco Denevi from *El amor es un pájaro rebelde*, Buenos Aires, Corregidor, 1999. Reprinted with permission of the publisher; *18–20* "Cirios" by Majorie Agosín from *La Felicidad*. Reprinted with permission of Editorial Cuarto Propio, Santiago de Chile; *31–32* "Kentucky" by Ernesto Cardenal from *Nueva antología poética*. Reprinted with permission of Siglo Veintiuno Editores; *41–42* "Telenovela" by Rosario Castellanos from *Poesía no eres tú: Obra poética, 1948–1971*. Reprinted with permission of Gabriel Guerra Castellanos and Fondo de Cultura Económica; *52–54* "Una carta de familia" by Álvaro Menén Desleal from *Revolución en el país que edificó un Castillo de hada y otros cuentos maravillosos*. Used by permission of Cecilia Isabel Salaverria de Menéndez Leal; *62–63* "Balada de los dos abuelos" by Nicolás Guillén. Courtesy of the heirs of Nicolás Guillén and Agencia Literaria Latinoamericana.

About the Authors

James F. Lee is a member of the faculty of the Department of Spanish and Latin American Studies at the University of New South Wales, Sydney, Australia. His research interests lie in the areas of second language reading comprehension, input processing, and exploring the relationship between the two. His research papers have appeared in a number of scholarly journals and publications. His previous publications include *Making Communicative Language Teaching Happen,* Second Edition (2003, McGraw-Hill) and several co-edited volumes, including *Multiple Perspectives on Form and Meaning,* the 1999 volume of the American Association of University Supervisors and Coordinators. Dr. Lee is also the author of *Tasks and Communicating in Language Classrooms* (2000, McGraw-Hill). He has also co-authored several textbooks, including *¿Sabías que... ? Beginning Spanish* (2004, McGraw-Hill) and *Ideas: Lecturas, estrategias, actividades y composiciones* (1994, McGraw-Hill). He and Bill VanPatten are series editors for The McGraw-Hill Second Language Professional Series.

Paul Michael Chandler is Associate Professor of Spanish and Chair of the Spanish Division at the University of Hawai'i at Mānoa. He offers courses in language teaching methodology, Spanish applied linguistics, Spanish phonetics, and the history of the Spanish language. His teacher development efforts have taken him to numerous schools and universities in Spain and Latin America, in particular Argentina (Fulbright 1998) and Paraguay (Fulbright 2003). He has published articles in *English Teaching Forum, Hispania,* and *Foreign Language Annals.* He has edited the conference proceedings of the Hawai'i Association of Language Teachers for which he is conference chair (2005). In addition, he is co-author of a conversation/composition text, *Con destino a la comunicación: Oral and Written Expression in Spanish* (1998, McGraw-Hill).

Donna Deans Binkowski teaches Hispanic Linguistics and Classroom Research Methods and supervises student teachers in the Department of Spanish and Portuguese at the University of Massachusetts at Amherst. She received her PhD in Spanish Applied Linguistics at the University of Illinois at Urbana-Champaign in 1992. Her research interests include input processing, second language reading, and technology in language teaching.